名人传

孙 膑

坐轮椅的军师

陈景聪 著　　赵智成 绘

人民文学出版社
PEOPLE'S LITERATURE PUBLISHING HOUSE

著作权合同登记：图字 01－2023－2634 号

© 三民书局股份有限公司
本著作中文简体字版由三民书局股份有限公司授权上海九久读书人文化实业有限公司
与人民文学出版社在中国大陆(台湾、香港、澳门地区除外)独家出版。

图书在版编目(CIP)数据

孙膑：坐轮椅的军师/陈景聪著；赵智成绘. —北
京：人民文学出版社，2018(2024.1 重印)
(名人传)
ISBN 978-7-02-014282-8

Ⅰ. ①孙… Ⅱ. ①陈… ②赵… Ⅲ. ①孙膑
－传记 Ⅳ. ①K825.2

中国版本图书馆 CIP 数据核字(2018)第 103206 号

责任编辑 朱卫净 吕昱雯
装帧设计 汪佳诗

出版发行 人民文学出版社
社　　址 北京市朝内大街 166 号
邮政编码 100705
印　　制 山东新华印务有限公司
经　　销 全国新华书店等
字　　数 65 千字
开　　本 890 毫米×1240 毫米 1/32
印　　张 4.5
版　　次 2018 年 8 月北京第 1 版
印　　次 2024 年 1 月第 2 次印刷
书　　号 978-7-02-014282-8
定　　价 35.00 元

如有印装质量问题，请与本社图书销售中心调换。电话：010－65233595

序

　　不论世界如何演变，科技如何发达，但凡养成了阅读习惯，这将是一生中享用不尽的财富。

　　三民书局的刘振强董事长，想必也是一位深信读书是人生最大财富的人，在读书人数往下滑落的多元化时代，他仍然坚信读书的重要性。刘董事长也时常感念，在他困苦贫穷的青少年时期，是书使他坚强向上；在社会普遍困苦、生活简陋的年代，也是书成了他最好的良伴。他希望在他的有生之年，分享这份资产，让其他读者可以充分使用。

　　"名人传"系列规划出版有关文学、艺术、人文、政治与科学等各行各业有贡献的人物故事，邀请各领域专业的学者、作家同心协力编写，费时多年，分梯次出版。在越来越多元化的世界中，每个人都有各自的才华与潜力，每个朝代也都有其可歌可泣的故事，但是在故事背后所具有的一个共同点，就是每个传记主人公在困苦中不屈不挠的经历，这些经历经由各位作者用心查阅有关资料，再三推敲求证，再以文学之笔，写出了有趣而感人的故事。

西谚有云：世界因有各式各样不同的人，才更加多彩多姿。这套书就是以"人"的故事为主旨，不刻意美化主人公，以他们的生活经历为主轴，深入描写他们成长的环境、家庭教育与童年生活，深入探索是什么因素造成了他们的与众不同，是什么力量驱动了他们锲而不舍地前行。以日常生活中的小故事来描写出这些人为什么能使梦想成真，尤其在阅读这些作品时，能于心领神会中得到灵感。

和一般从外文翻译出来的伟人传记所不同的是，此套书的特色是由熟悉文学的作者用心收集资料，将知识融入有趣的故事，并以文学之笔，深入浅出写出适合大多数人阅读的人物传记。在探讨每位人物的内在心理因素之余，也希望读者从阅读中激励出个人内在的潜力和梦想。我相信每个人都会发呆做梦，当你发呆和做梦的同时，书是你最私密的好友。在阅读中，没有批判和讥讽，却可随书中的主人公海阔天空一起遨游，或狂想或计划，而成为心灵

知交。不仅留下从阅读中得到的神交良伴（一个回忆），如果能家人共读，读后一起讨论，绵绵相传，留下共同回忆，何尝不是一派幸福的场景！

　　谨以此套"名人传"丛书送给所有爱读书的人。你们都是世界上最幸福的人，因为一直有书为伴，与爱同行。

目　录

名人传

孙　膑

活动年代约于公元前4世纪

1. 前往鬼谷

又到了秋凉时节。秋风一阵又一阵地吹拂过田野，草木逐渐枯黄、凋零。

孙宾望着前方的岔路，不知道要走哪一边才好，正在踌躇之间，突然看见田垄上有一名庄稼汉，连忙放下行囊，上前去问路。

"请问这位大伯，去鬼谷要走哪一条路？"

正在捆扎麦秆的庄稼汉停下动作，打量孙宾一眼，问他："听说鬼谷先生精通姜子牙 [①] 和兵学家孙武 [②] 所作的兵书，莫非你也是想去拜鬼谷先生为师，跟他学习兵法，好

---

① 姜子牙：周朝初年的贤臣，姓姜，名尚，字子牙，东海人。年老隐居渔钓，周文王出猎，遇于渭水，相谈甚欢，拜他为师。后来辅佐武王推翻无道的商纣，封于齐，后世称为姜太公。
② 孙武：字长卿，春秋时代齐国兵法家。吴王阖间（一作阖庐）用他为将，破楚，威逼齐、晋，称霸诸侯。著有《孙子兵法》十三篇。

用来征战沙场，求取功名？"

"晚辈姓孙名宾，正是孙武的后代。"孙宾回答，"晚辈想跟鬼谷先生学兵法没错，但并不是为了功名，只希望能继承先祖的兵法，将它发扬光大。"

"嗯，"庄稼汉点了点头说，"前方还有许多岔路，每一条岔路都可通往鬼谷。你是今天第五个前往鬼谷拜师的人，前面有三个已经无功而返。能不能见到鬼谷先生，那可要看你的机缘啰！""这么说，鬼谷先生今日已收了一名徒弟。他还愿意收我为徒吗？"孙宾暗自忧虑。

孙宾向庄稼汉道谢后，背起行囊继续赶路。一阵寒风迎面吹来，他感觉一丝寒意袭上心头，不由得拉紧单薄的衣领，扣住衣领上的布扣。

孙宾约于公元前380年的战国时代出生在齐国边境，他的家乡紧邻卫国、赵国和魏国。

当时齐国虽名列"齐、楚、燕、韩、赵、魏、秦"七大强国之一，却因为内乱不断，导致国势极其衰弱。由于当时各诸侯国都想发动战争吞并邻国，孙宾生长的鄄邑和阿邑一带，先后被卫国与赵国攻占，使得他从小就饱尝战乱之苦。母亲在他四岁时去世，父亲也在他九岁时死于战祸。他与兄长孙平、孙卓跟随担任齐康公大夫的叔父孙乔过日子。不久却又遭逢齐国内乱，烽烟四起，孙氏宗族不是逃命避难，就是遭到杀戮。

孙宾与兄长在叔父的带领下，逃难到周天子管辖的领域。想不到却遭逢饥荒，叔父为了让他们兄弟能存活下来，只好将他们送去给人当帮佣，好有一口饭吃。不幸战争又接踵而来，他所有的亲人都在战乱当中流离失所，从此失去音讯。孙宾很幸运地遇到一位被战争夺走子女的善心人，并且成为他的养子。

孙宾每每想到自己从小在战乱中成长，虽然能苟活至今，但是却没有受到强盛的军队保护，因而每天提心吊胆，唯恐遭受战火波及。所以他年少时便深切地体会到"没有强盛的军队庇护，老百姓便无法安身立命"的道理。

孙宾无时无刻不在梦想着自己能继承先祖孙武的功业，帮国家训练一支精锐的劲旅，吓阻任何强敌，好让百姓能安居乐业。因此当他听说阳城云梦山的鬼谷隐居着一名精通各家兵法和学问的世外高人——鬼谷先生时，立刻下定决心要投入他的门下，学习富国强兵的学问。

"苍天有知，请保佑我孙宾能见到鬼谷先生，顺利投入他的门下求学。"孙宾一路暗自祈祷。

孙宾顺着地势而行，上山下山迂回了几趟，终于看见前方那一处幽静深邃的山谷。他心知鬼谷已经快到了，不由得精神一振，加快脚步走下山谷。来到了山谷，前方有一座独木桥横跨过小溪。他走过独木桥，沿着依山傍溪的小路前进，来到一处瀑布，却再也寻不着前进的路了。

孙宾以为自己找错了地方，不禁大失所望。

2. 投入师门

孙宾正想往回走，头顶忽然传来人声："这位仁兄，请留步！"

孙宾抬头一看，这才发现树上有一位年纪跟自己差不多的青年。等对方跳下树来，孙宾赶紧向他行礼，问道："请问兄台，通往鬼谷的路怎么走？"

"唉！鬼谷有路，可惜求学无门哪！"对方摇头叹息。

"原来他就是今天进入鬼谷求学的第四人。看来要投入鬼谷先生的门下，实在不容易呀！"孙宾自忖。

孙宾知道对方也是来鬼谷求学，便与他攀谈起来。这才晓得他是魏国人，名叫庞涓，年纪只比自己小几个月。

庞涓家里开染房，因为帮一名小军官染布出了点小差错，竟然遭受一顿毒打。于是他愤而打破所有的染缸，下定决心要投入鬼谷先生的门下学习兵法，再回到魏国开创一番功业，洗雪耻辱。

可是当庞涓好不容易进入鬼谷时，鬼谷先生却以他是"无缘人"为理由，将他拒于洞门外。他不甘心，便在此处守候"有缘人"，想伴随他进入鬼谷拜师学艺。

"既然我们志同道合，不如就在此地结拜，然后一同进入鬼谷拜师。万一被拒于门外，再做打算。"孙宾对庞涓说。

于是两人便以天地山川为证，结拜为兄弟，孙宾为兄，庞涓为弟。两人誓言日后共进退，有福同享，有难同当。

"请随小弟来。"

孙宾随着庞涓朝瀑布走，穿过瀑布，这才晓得原来进入鬼谷的小路竟是被瀑布遮蔽住了。

他们沿着山势迂回前进，走了约莫一里路，前方地势陡降，竟出现另一处幽谷。谷中温暖如春，树木青翠茂密，禽鸟飞鸣，猿猴嬉戏。

孙宾突然感觉神清气爽，犹如来到仙境。

"远处那个山洞便是鬼谷先生居住的洞府。"

两人来到洞口，刚要开口通报姓名，洞内的鬼谷先生却早就算出他们即将来到，派一名弟子出来对孙宾说：

"鬼谷先生说庞涓虽然与他无缘，不过你却与他有缘。如今庞涓与你结拜为兄弟，也算是同他结缘了。"说完便请他们进入洞府中。

鬼谷先生正在洞内打坐。他的相貌果真如同传言一般，童颜鹤发，令人估算不出他的年岁到底有多高。

孙庞二人来到鬼谷先生面前，正要下跪磕头行拜师礼，不料鬼谷先生双手一托，竟产生一股力量硬是将他们扶起。

"呵呵，且慢！"鬼谷先生一脸慈祥地说，"我方才说的有缘，指的是相见之缘，并非师徒之缘。"

两人一阵错愕，不约而同地说："请先生收我们为弟子！"

"我向来都坐在洞内的石椅讲学。现在你们到洞外去，谁有办法让我走出洞外，我就收他为徒。"

两人只好走出洞外想办法。

庞涓先想到主意，但唯恐他想到的好办法被孙宾用去，正要开口要求孙宾让他先试，不料孙宾却已开口说："贤弟似乎已经想到万全之策，你先试吧！"

庞涓毫不推辞，立刻就收集地上的残枝落叶，堆在洞口，然后向鬼谷先生的弟子借来火种，生起火来。火一燃起，他便去摘取鲜嫩的枝叶，放在火上制造浓烟，再脱下长袍猛扇，将浓烟扇入洞中。

鬼谷先生果然受不了呛鼻的浓烟，马上咳嗽着走出洞来，满脸不悦地说："算你过关，快把火熄灭！现在轮到孙宾了。"说完随即回到洞内去。

孙宾想了想，在洞口对鬼谷先生说："请恕晚辈驽钝，想不出请先生出洞的办法。不过晚辈倒是想出了一条请先生入洞的妙计。可否请先生通融一下，换个位置让晚辈试一试？"

鬼谷先生爽快地答应："这双腿长在我身上，只听我使唤，走出洞和走入洞，不是都一样吗？"说着便走出洞口对孙宾说："我倒想看看你有什么妙计。"

孙宾随即一头拜倒在鬼谷先生面前："弟子把师父骗出洞口来了，请饶恕弟子的罪过！"

鬼谷先生仰天大笑三声，嘴里喊着："妙！妙哉！好！好哇！我又多了两名弟子了。"当下便接受两人的拜师礼仪，并告诫他们："学无止境，尤其是兵法，妙用无穷，纵使是天才也要学上五年才能运用自如。"

从此以后，孙宾和庞涓便在鬼谷先生的门下学习，两人读同一本书，睡同一张床，一起服侍鬼谷先生。

鬼谷先生曾在云梦山与宋国人墨翟①一同采药修道，共同钻研各家学问。后来墨翟发愿要解救天下苍生的困厄危难，便游走四方，管天下不平之事去了。鬼谷先生则继续隐居深山，讲学修道。

外界传闻鬼谷先生的修为已经接近得道成仙的境界，学问与道术都深不可测。他上知天文，下通地理，举凡数学演算、相术命理、外交辞令、延年益寿术等，种种学问莫不精通。尤其是兵学造诣，《太公六韬》②变化无穷，布阵行兵神鬼莫测，就如同胸中藏有百万奇兵。

---

① 墨翟：战国时宋人（一说是鲁人），提倡兼爱、非攻、节用等学说，主张消弭战争，宣扬和平，自成一家之言。现存有《墨子》一书，是墨家思想的代表。
② 《太公六韬》：姜子牙所作的兵书。

鬼谷先生教导门下弟子向来是因材施教。他见孙宾智慧深沉，仁爱敦厚，一开始便传授他克敌避险的兵法；见庞涓聪明急躁，诡谲自私，起初就只教授他修心养性的学问。

白天，鬼谷先生将孙宾和庞涓两人分开，一个跟着他学习，另一个就去耕田砍柴，如此循环不已。

孙宾不管做什么都专心投入，不仅将先生传授的课业学得精熟透彻，就连农事也做得毫不含糊。庞涓却暗自埋怨先生只教他无用的东西，于是夜里便把孙宾的兵书借去研读，至于白天砍柴耕种的工作则从不卖力，多半留给孙宾去做。

孙宾是个爱惜情谊的人，从不跟庞涓计较。

孙宾和庞涓的表现，鬼谷先生全都了然于心，却不放在心上。"我留下庞涓，正好可以磨练孙宾仁慈宽厚的心胸。"他想。

3. 庞涓下山

孙庞二人在鬼谷求学期间，战国七雄的势力互有消长，天下的局势产生了重大的变化。

当时卫国的法家学者卫鞅 ① 到魏国谋求发展，魏惠王不懂得赏识他的才华。于是卫鞅便转往秦国发展，受到秦孝公重用，策划了许多重大的变革。不到三年，秦国变得国富兵强，并开始虎视眈眈，对邻国造成极大的压力。魏惠王白白将卫鞅这样优秀的人才奉送给秦国，内心懊悔不已，于是下令以重金征求贤才。

这天庞涓走出鬼谷，来到山下的市集购物。他听到商贩在谈论魏惠王招揽人才的事，心里再也按捺不住了。

---

① 卫鞅：姓公孙，名鞅，战国时卫人。因为是卫国贵族后裔，所以又称"卫鞅"。少好刑名法术之学，入秦后为相，说服秦孝公推行新法，秦国富强后，受封于商，后世称为"商鞅"。

庞涓想："我在鬼谷求学超过三年，行军布阵，克敌制胜的兵法都学遍了。先生一直都用石头树枝代替军队行伍来厮杀，学久了怎不乏味？如今魏王广纳人才，正是我一展长才、追求功名富贵的大好时机，岂能错过！"

庞涓回到鬼谷，想请先生让他下山去闯荡，又担心先生不肯放行，踌躇了半晌，欲言又止。

鬼谷先生观察庞涓的神色，早就料中他的心事，便笑着对庞涓说："你的时运已经到了，何不下山去开创功业，求取富贵？"

庞涓一听，正中下怀，连忙下跪请教先生："弟子正有此意，只是不知该往哪一国投效，才能施展抱负。"

鬼谷先生回答："你去采一朵山花来，我帮你占卜。"

庞涓急忙下到谷中寻找山花。当时正是炎炎盛夏，百花早已开过，庞涓左寻右觅，绕了一大圈，竟然找不到一朵山花。他只好将唯一寻获的一株草花连根拔起，准备呈给先生占卜。他走了几步，转念一想："这种草花质弱身微，难成大器。"便将花丢弃在地，又往别处去寻觅。说也奇怪，怎么就是找不到另一朵花。

庞涓只好回头去找刚才被他丢弃在地的草花，将花拾起，藏在衣袖中，回去禀告先生："这时节山中没有花。"

鬼谷先生说："既然没有花，你衣袖中藏的是什么呢？"庞涓不敢隐瞒，只好将花呈上。

那株草花离土之后，又经过日晒，已经枯萎了一半。

鬼谷先生对庞涓说："这种花叫马兜铃，一次会开出十二朵花，代表你春风得意的年数。花采自鬼谷，见日而萎；鬼傍着委。可见你若想飞黄腾达，就必须到魏国。"

庞涓听了暗暗称奇，对鬼谷先生深感佩服。

鬼谷先生接着又语重心长地说："从你命中推算，将来不宜陷害对你有情义的朋友，否则，他日必然会因此而招来更大的祸患。我送你八个字，你千万要牢牢记住：'遇羊而荣，遇马而衰。'"

鬼谷先生叮嘱完毕，庞涓再次拜谢："恩师的教诲，弟子终生不敢忘记！"

此时，孙宾虽然舍不得和庞涓分别，但他总觉得自己才学不足，决心继续留在鬼谷修炼。他依依不舍地送庞涓下山，庞涓说："我与兄长有八拜之交，誓言共享荣华富贵。此行到魏国，如蒙重用，必定举荐兄长，两人一同建立不朽功业。”

孙宾问："贤弟这话当真？"

庞涓回答："如有虚言，教我死于万箭之下！"

孙宾连忙接口："多谢贤弟盛情，何须重誓！"

孙宾送庞涓来到山下，两人流泪挥别。

孙宾回到鬼谷，先生看见他泪痕未干，问他："你舍不得庞涓离去吗？"

孙宾回答："同学之情，结拜之义，如何能不珍惜？"

鬼谷先生又问："你认为以庞涓的才干、能力足够担任大将吗？"

"他受恩师三年多的调教，得到恩师的真传，能力当然足够担任大将啰！"

鬼谷先生却摇头说："全无！全无！"

孙宾大吃一惊，请问原委，鬼谷先生只是笑，并不回答。

隔日，鬼谷先生对门下弟子说："我昨夜被老鼠吵醒，你们从今天起轮流在我的床边值夜，为我驱赶老鼠。"

某晚，轮到孙宾值夜。鬼谷先生半夜醒来，从枕头下方取出一卷文书，对孙宾说："这是令先祖孙武所著的《孙子兵法》。从前他将这本书献给吴王阖闾，阖闾用其中的兵策，大破楚国军队。阖闾非常爱惜这本书，不肯传给别人，将这本书锁入铁柜，藏在姑苏台的梁柱之内。后来越国兵士焚毁姑苏台，这本书也付之一炬。我和令先祖孙武交情深厚，向他求得这一抄本，亲自为这抄本作了注解。我毕生钻研的兵法奥秘，尽在其中，从未传授给任何弟子。如今知道你宅心仁厚，特地传授给你。"

孙宾惊讶地说："弟子年幼就失去父母，又遭受多次战乱，导致宗族离散。虽然知道先祖曾写下兵书，但并未得到任何传授。先生既然作有注解，何不一并传给庞涓，而独独传授给弟子呢？"

"得到这本书的人，善用它可以造福天下苍生，不善用它就会为害天下苍生。庞涓并非仁义之士，哪有这种福分！"鬼谷先生郑重地告诉孙宾，"你先发誓，绝不将其中的兵法传给庞涓，我才给你带回去研读。"

孙宾发了誓，将《孙子兵法》带回卧室，日夜研究

背诵。

三天之后，鬼谷先生突然向孙宾要回兵书，并且逐篇盘问。孙宾对答如流，一字不漏。

鬼谷先生大喜过望，称赞孙宾："你如此用心，看来孙武后继有人了！"

4. 庞涓接掌魏国兵权

庞涓与孙宾分别之后，日夜赶路。他一到魏国，立刻去求见相国王错。

相国听说庞涓是鬼谷先生的弟子，立刻请庞涓进入相国府谈论用兵之道。他发觉庞涓对兵法了如指掌，说到训练军队、行军布阵的计谋更是妙计无穷，当下肯定他是个用兵的人才，第二天就将他推荐给魏惠王。

庞涓入宫去觐见魏惠王的时候，正巧掌管膳食的官员进献蒸熟的羊羔入宫，放在魏惠王面前。庞涓心中窃喜："先生要我记住'遇羊而荣'，这下子真的应验了。"

魏惠王见庞涓一表人才，马上放下筷子，起身以礼相迎。庞涓正要叩拜，惠王赶紧扶他起身，问他："听说先生是鬼谷子门下的高徒，对于行军对阵的兵法颇为专精。我国东有齐，西有秦，南有韩、楚，北有赵、燕，都与我国势均力敌。之前赵国趁寡人不备，夺去寡人的领地中山，请问先生有什么好计策可以帮寡人报这失地之耻？"

庞涓回答："大王如果能让小的执掌兵权，小的保证能帮大王训练出最精良的军队，战无不胜，攻无不克。到时候，就连一统天下都指日可待了，何必在乎一个小小的赵国呢？"

魏惠王不太高兴地指责庞涓："先生还没展现半点军事长才就这么说，未免太夸口了吧？"

庞涓连忙下拜回答："小的有自信，只要满腹兵法奇谋能够施展，六国尽在小的算计当中。请大王让小的接掌兵权，如果成效不彰，小的甘愿自请死罪。"

庞涓说着便取出衣袖中预先画好的军事地图和作战蓝图，比手画脚，将自己之前拟好的作战计划仔细说明，并且引用自己学到的兵法来验证，说得头头是道。

魏惠王对庞涓深感信服，就拨五千名士兵给他训练。训练好之后，便命令他带兵先攻打宋、鲁、卫等几个小国，果然所向无敌，逼得那些小国的国君联袂来朝贡。后来庞涓又率领魏军击败了来犯的齐军。魏惠王非常高兴，下令封庞涓为元帅，兼任军师的职位。

庞涓从此在魏国意气风发，官位节节高升，他自以为战功彪炳，越来越骄傲自大。他花了好一番工夫，终于找到从前毒打他的那一名军官，将那名军官活活打死。

当时墨翟遨游各国的名山，正好路过云梦山，便进入鬼谷探访老友鬼谷先生。正巧鬼谷先生出外云游尚未返回，他看见孙宾相貌不凡，有意试探孙宾的能耐，便以天下大势为话题，和他交谈起来。言语之间，两人见解十分契合，一聊竟从早上聊到半夜，忘了吃饭也不觉得肚子饿。

墨翟打从心底欣赏孙宾，便鼓励孙宾说："你的学业已经完成，为什么还留在这儿呢？何不下山建立功业，造福苍生？"

孙宾回答："弟子的义弟庞涓下山到魏国之前，曾和弟子相约，等到他功成名就，就要推荐弟子给魏王。我现在就是在等待庞涓的消息。"

墨翟说："庞涓现在是大元帅，执掌魏国的兵权。我帮你去魏国走一趟，试探庞涓是否还记得当初的约定。"

墨翟离开鬼谷之后，直接来到魏国。他听说庞涓仗着自己行军布阵的才能，经常大言不惭，目中无人，心知庞涓绝无推荐孙宾的意愿，于是便去求见魏惠王。惠王久仰墨翟的大名，亲自走下台阶去迎接他入宫。魏王问起兵法，墨翟向来厌恶征战杀伐，只是约略说说，惠王居然茅塞顿开，惊喜之下便请他留下来担任魏国的要职。

墨翟辞谢魏王，说："臣是山野莽夫，无法适应官场生活。但臣认识孙武的后代孙宾，他才是盖世奇才，臣的才能实在不及他的万分之一。孙宾目前隐居在鬼谷潜修，大王何不派人去聘请他来为您效命？"

惠王惊讶地说："孙宾既然在鬼谷求学，不就是庞涓的同门！先生认为他们两人的本事谁比较高？"

墨翟回答："庞涓虽然和孙宾是同学，但是孙宾得到《孙子兵法》的秘传，论起兵法，普天之下没有人是他的对手，何况是庞涓呢？"

墨翟告辞之后，惠王立刻召见庞涓问道："寡人听说先生的同门孙宾独得《孙子兵法》秘传，军事的才能天下无人能比。先生为何不请他出面，共同来为寡人效力呢？"

庞涓连忙解释说:"并非臣不想推荐孙宾,只是孙宾是齐国人,他的宗族都居住在齐国。齐国与魏国素来不和睦,如果他来魏国担任要职,恐怕心会倾向齐国,不以魏国的利益为优先,所以臣才不敢向大王推荐他。"

惠王回答:"'士为知己者死',只要寡人诚心对待孙宾,相信孙宾必定会真心为寡人效命。难道说一定要本国的人,才能重用吗?"

庞涓无奈,只好回答:"既然大王决意招揽孙宾,臣立即为大王写一封信,请孙宾出面为大王效命。"庞涓表面上这么说,内心却盘算着:"魏国的兵权,如今都掌握在我的手中,孙宾一来,必定会害我失去统帅的地位。可是魏王的命令又不能违背——看来,只好等孙宾来到,再设计害他,免得他成为我的绊脚石。"

庞涓写好了信,呈给惠王。惠王立即安排华丽的马车,准备十二个托盘的黄金白玉,派亲信徐甲带着庞涓的信,直奔鬼谷聘请孙宾。

5. 孙膑下山

徐甲将马车停在谷口，带着十二名捧着托盘的随从，进入鬼谷求见孙宾。

孙宾接过徐甲奉上的信，一看是义弟庞涓亲笔写的，欣喜万分，立刻拆开来看。

庞涓在信中表明自己在魏国从来不敢忘记临别的誓言，如今已受魏王重用，并且推荐他给魏王，所以魏王才命令亲信来到鬼谷，重金礼聘他到魏国。最后更表明希望兄弟二人共同为魏国贡献心力，建立不朽的功业。

孙宾虽然很想念庞涓，也有意下山试试自己的能耐，却不敢擅自答应徐甲，于是便带着庞涓的亲笔信去请示鬼谷先生。

鬼谷先生早就知道庞涓受到魏王重用，也有意让孙宾下山去展现惊世绝学。可是他发现庞涓信中尽是催促孙宾

赶赴魏国的意思，竟然没有只字片语问候老师，更肯定庞涓是个刻薄忘本的人。他不禁忧虑起来：

"庞涓生性骄傲，容易嫉妒，孙宾才能高出他许多，如果去到魏国，难保不会被他视为眼中钉肉中刺。孙宾是个重情重义的人，万一庞涓背弃金兰①情义，孙宾岂不是任由他宰割？"

鬼谷先生不想让孙宾去魏国，可是看到孙宾跃跃欲试，而且魏王聘请孙宾的排场如此郑重，当下不好阻挡，便对孙宾说："你去摘一朵花来，让为师帮你占卜。"

当时正是深秋，孙宾看见先生书桌上的花瓶里插着一朵黄菊花，便取出黄菊呈上，等先生占卜完毕，他立刻恭恭敬敬地将黄菊插回瓶中。

鬼谷先生告诉孙宾："这朵菊花被剪断插在瓶中，已经不算完好。所幸菊花生性耐寒，不怕霜雪，虽然遭受残害，但还不算大凶。而且供养在瓶中，这花瓶是由金属制成，可见此花必先经历霜雪，而后才能名列钟鼎。再者，

---

① 金兰：引申为结拜兄弟的意思。

这朵花经过你拔取，最后仍旧归回瓶中，可见你的功名，终究会建立在家乡。嗯！这样吧，我帮你将名字的'宾'字更改为'膑'字，如此便可躲过死劫。记住！从此以后，你就叫孙膑。"

"弟子遵命！"孙膑恭敬地回答，停了一会儿便好奇地问："恩师为何要帮弟子改名？"

鬼谷先生面色凝重地回答："天机不可泄漏，日后你便会知晓。"

孙膑下山赴魏国之前，去向老师拜别，并将魏王的聘礼全部敬奉给老师，报答他六年来的造就之恩。

孙膑再三拜谢恩师之后，便随同魏王的使者下山，前往魏国。

孙膑来到魏国，立即前往元帅府拜会庞涓，叙说思念的情谊。孙膑再三对庞涓推荐的恩情表示感激，庞涓神色颇为得意，丝毫也不推却。

当孙膑说到鬼谷先生帮他改名的事，庞涓惊讶地问："'膑'字包含有'断脚'的意思，并不吉利，老师为什么要帮你改这个名字?"

孙膑说:"我当时也感到疑惑,但恩师有他的用意,我不敢违背。"

第二天,庞涓带着孙膑一同进入宫中,准备去觐见魏惠王。惠王亲自出宫迎接孙膑,态度非常谦恭。

庞涓看在眼里,表面上很替孙膑高兴,其实内心感觉很不是滋味。

孙膑下跪拜谢惠王:"孙膑只不过是村野匹夫,承蒙大王抬爱,内心有说不出的感激与惭愧!"

惠王连忙扶起孙膑,说:"墨子是当世高人,他在寡人面前称赞先生得到令先祖孙武的秘传,是天下奇才。寡人盼望得到先生的辅佐,就如同干渴的人梦想能喝到甘泉,如今先生愿意辅佐寡人,实在大快人心哪!"接着就问庞涓:"寡人想让孙先生担任副军师的职位,与你共同执掌兵权,你觉得呢?"

庞涓心里想:孙膑才学胜过我,如果让他担任副军师,迟早会取代我的地位,不如向大王推荐他担任地位崇高却没有实权的客卿①！庞涓仔细估量后便回答："大王不如先聘请孙膑担任客卿。一来，臣与孙膑同窗结义，孙膑是臣的兄长，臣怎能让兄长屈身当副手呢？二来，孙膑虽然目前尚未建立功绩，但是凭他的才干，很快便能立下大功，到时候臣再让出军师的职位给他，魏国的将士才会心悦诚服。"

惠王觉得庞涓分析得很有道理，于是便聘请孙膑担任首席客卿，地位仅次于庞涓。

---

① 客卿：战国时代的诸侯国请别国的人来本国做官，官位为卿，而以客礼对待，称为客卿。

6. 庞涓垂涎《孙子兵法》

从此以后，庞涓与孙膑往来十分密切。庞涓经常暗自思量："听说《孙子兵法》妙用无穷，天下第一。孙膑既然得到祖传的《孙子兵法》，却从不对我吐露半点，看来我非用计谋来试探他不可。"

于是庞涓对孙膑更加殷勤，稍有闲暇就摆设酒席宴请孙膑，等酒酣耳热之际，便刻意向孙膑问起各种兵法的妙用和出处，孙膑总是对答如流。等孙膑反过来考他兵法时，他便假装不知出处，随口问道："兄长问愚弟的兵法莫非出自祖传的《孙子兵法》？"

孙膑始终以为庞涓对他有情有义，于是丝毫也不感到疑虑，直截了当地回答："是的。"

庞涓假装很惋惜地说："愚弟在鬼谷的时候也曾经听过先生提及《孙子兵法》的精要，可惜当时并没有用心记下，到现在都遗忘了。可否请兄长将《孙子兵法》借给愚弟复习一番？愚弟感激不尽！"

孙膑回答："那本《孙子兵法》经过先生详细注解，可惜先生借给愚兄三日之后，突然就将书收回去了，所以愚兄也来不及抄录下来。"

"兄长还记得兵书的内容吗？是否能传授给愚弟？"

孙膑想起自己曾对老师发过誓，绝不将《孙子兵法》传给庞涓，只好骗庞涓："印象很模糊，大约只记住一些。"

庞涓看得出孙膑只是借故推托，不由得恼怒起来。他巴不得孙膑赶快将《孙子兵法》传授给他，却一时不知如何才能说动孙膑，又怕孙膑起了戒心，只好不动声色，暗自盘算。

过一阵子，惠王想要试探孙膑的军事才华，便在校场点阅军队，命令孙膑和庞涓两人各自调兵遣将，布下阵法。

庞涓布下的阵法，孙膑一看就能辨识出那是什么阵，也能观察出阵势的弱点，并且知道用什么阵法可以攻破。

可是孙膑排出来的阵法，庞涓却从未见过，也找不出弱点。庞涓只好赶紧派一名亲信将领去请教孙膑。

孙膑对庞涓的亲信说："这是'颠倒八门阵'。"

庞涓的亲信接着问："有什么变化？"

"攻击它，就会变成'长蛇阵'。"

庞涓探到了孙膑的口风，立刻去向惠王报告："孙膑所布的阵法是'颠倒八门阵'，一遭受攻击就会变成'长蛇阵'。"

过了片刻，惠王问孙膑布的是什么阵法，孙膑的回答果然与庞涓所说的相同。惠王以为庞涓的军事才能不输给孙膑，心中非常高兴。

庞涓运用手段欺瞒惠王，回到府中，不禁惶恐地想："孙膑的才能远胜于我，如果不设法将他除掉，再过一阵子他就会崭露头角，取代我的地位。"

于是庞涓想出了一个计策。他设宴款待孙膑，趁机怂恿孙膑："兄长的宗族都在齐国，如今兄长在魏国担任要职，何不派人去齐国迎接宗族来魏国，和兄长同享荣华富贵？"

孙膑回想起自己颠沛流离的身世，不禁感慨万千，垂着泪说："我与贤弟同窗三年，从来不曾对贤弟提起家里的事，主要是因为不想重提伤心的往事。我虽然出身望族，却是战火余生的孤儿，亲人不是在敌国侵犯时惨遭杀害，就是在内乱时遭到诛戮。幸存下来的兄长带着我，跟随叔父避难，最后也因为逃难而失散。后来我听邻人说鬼谷先生学术高超，内心非常仰慕，所以才只身前往鬼谷求学。经过那么多年，家人杳无音信，哪还有宗族可找寻呢？"

　　庞涓虚情假意地安慰一下孙膑，接着问："兄长还会怀念故乡和家坟所在的齐国吗？"

　　孙膑回答："人非草木，岂能忘本？先生在我下山之前也曾告诉我：'你的功名，终究会建立在家乡。'如今已做了魏国的臣子，这话就不须再提起了。"

　　庞涓赶紧附和着说："是呀！是呀！大丈夫志在四方，到处都可以建立功名，何必一定要在故乡呢？"嘴里这样说，心中却打起了陷害孙膑的主意。

　　"我这一石二鸟的妙计只能慢，不能快，免得打草惊蛇。"庞涓暗自盘算着。

孙膑来到魏国半年之后，魏惠王采纳他的建议，命庞涓积极训练军队，准备等待机会夺回被赵国占领的中山。

孙膑事先传授几名手下绘制军事地图的技术，然后指派他们乔装成商人，分道前往赵国观察地形和气候变化，并画下军事地图带回研究。

当魏惠王问起攻伐赵国的策略是否拟定好时，孙膑早就胸有成竹，何时最适合出兵，哪些地点适合奇袭，哪些地点适合布阵歼敌，还有军队进退的路线都规划得十分详尽。

惠王非常赏识孙膑的军事才能，指定他担任军师，庞涓任大元帅，两人共同筹划攻赵的行动。庞涓虽然表面上大力赞同，骨子里却十分眼红，更觉得孙膑像是他的肉中刺，非趁早拔除不可。

7. 庞涓的毒计

有一天，孙膑上完朝刚回到府中，管家立即前来禀报："门外有一个操着齐地口音的客人，要来拜见主人。"

孙膑随即请客人入府，问他的来意。

那个人回答："小人姓丁名乙，是齐国临淄人，在周地经商。因为令兄托小人趁经商之便，送家书到鬼谷给大人，听说大人已来到魏国，因此便绕道赶来魏国送信。"说着便将竹简书信呈上。

孙膑接过书信，迫不及待地展信一看，果然是兄长的来信，信中说："愚兄平、卓致贤弟宾：自从家门发生不幸，宗族离散，愚兄流落到宋国帮人耕种放牧为生，转眼已经八年了。叔父来到宋国不久即病逝，想到叔父客死异乡，不能归葬故土，内心悲痛实在难言。幸而齐威王尽释前嫌，招孙氏宗族归还故里，愚兄便四处打听贤弟的下落，想找回贤弟，一起重整家门。后来终于打听到贤弟在鬼谷求学，愚兄十分欣慰！以贤弟聪慧的资质，将来必成大器。现在写信托友人丁乙送给贤弟，希望贤弟早日学成，回来齐国团聚。"

孙膑读完信，回想起从前叔父费尽苦心保全他们兄弟的性命，而叔父去世时，他竟然无法亲自去送终，实在是不孝至极，不由得痛哭失声。

稍后，孙膑以酒菜款待丁乙。丁乙对他说："令兄吩咐小人转告，希望大人早日还乡，共叙手足之情，一起将叔父的骨骸迁葬故土。"

孙膑想到自己肩负伐赵的重任，一两年内都不可能返乡，便回答："我现在已经在魏国任职，这件事必须从长计议，不可贸然行事。"

孙膑留丁乙在府中过夜，他连夜在木简上写好回信，托丁乙带回去给兄长。信中除了表达思念手足之情，并在信末强调："弟来到魏国半年，至今尚未帮魏国立下功劳，深感愧对魏王的厚爱。请兄长让小弟帮魏国立下功劳之后，再做重归故里的打算。"

丁乙接了回信，马上告别孙膑，却直接奔去庞涓的元帅府，将孙膑的回信交给庞涓。原来他是庞涓的心腹，并非齐国的商人。

　　庞涓骗到了孙膑的回信，就模仿孙膑的笔迹重写回信，并且将信末的那几句改成"小弟如今虽身在魏国任职，可是一心悬念故乡，时时刻刻都准备要回去为齐国效命。如果齐王不嫌弃小弟，自当回国为大王图谋霸业"。然后便带着这一封伪造的木简回信入朝求见惠王，私下将伪信呈给惠王，说："孙膑果然有背弃魏国、投向齐国的私心。他近日私通齐国密使，托密使带回信给他的兄长，微臣派人在郊外拦截到这一封密函。"

　　惠王看过回信，问庞涓说："孙膑想回齐国效力，莫非是因为寡人没有重用他，让他的才能无处施展？"

　　庞涓回答："大王已任命孙膑担任伐赵的军师，岂是没重用他呢？然而，父母的家邦，谁能忘记呢？如今大王虽重用孙膑，可惜孙膑的心早已偏向齐国，必定不会竭尽所能地为大王尽力。孙膑的军事才能不比微臣逊色，若是被齐国重用，日后必定会和我们魏国争霸，成为大王的祸

患。不如现在就杀了他！"

惠王说："孙膑是寡人聘请来的客卿，如今罪状未明，就断然杀了他，恐怕天下人会责怪寡人没有善待贤能的人。"

庞涓连忙附和："大王说得对！微臣应当回去劝告孙膑，倘若他肯留在魏国效命，就请大王晋升他的官位；假如他不肯为大王效命，就请大王将他交给微臣议处。"

惠王同意庞涓的建议。

庞涓向惠王告退之后，就直接去见孙膑，问他："听说兄长刚接到令兄的家书，特地来向兄长恭贺。传言是真的吗？"

忠直的孙膑做梦都想不到庞涓会出卖他，满脸欣喜地回答："是真的！我两位兄长已经回到齐国，他们希望我早日回去故乡团聚。"

庞涓假装欢喜地说："兄长与令兄久别之后盼望重逢，是人之常情。兄长何不奏请魏王准予一个月的假期，返乡与令兄团聚、扫墓，然后再回来与小弟共同策划伐赵的大计？"

孙膑回答："只怕大王有所猜疑，不会答应愚兄的请求。"

"兄长不妨试试，小弟会从旁附和，帮助兄长达成心愿。"

孙膑很感激地说："感谢义弟成全！"

那一夜，庞涓又私下向惠王报告："微臣遵照大王的旨意，前去劝告孙膑，可是孙膑竟丝毫也没有留在魏国的意愿，还埋怨大王没有善待他。如果近日之内孙膑上奏章①要请假回齐国扫墓，大王便可定他私通齐国的罪名。"

隔天，孙膑果然呈上奏章，请求魏王准他请假一个月，回齐国扫墓。

惠王看见孙膑的奏章，勃然大怒说："孙膑私通齐国，如今又请假想回齐国，显然有背弃魏国的私心，辜负寡人的器重。立即削除他的官职，发送给庞涓问罪。"

军士奉了惠王的旨令，立刻将孙膑拘捕交给庞涓。庞涓假装大吃一惊，凑上去抱住枷锁缠身的孙膑，问："兄长怎么了？"

孙膑做梦都想不到自己会落得如此下场。他只是流

---

① 奏章：古代臣子向君王进奏的文书。

泪，怨怪自己投效度量狭小的魏惠王，丝毫都没有想到陷害他的人竟是义弟庞涓。

这时军士宣读惠王的旨令。庞涓领过旨令，对孙膑说："兄长遭受不白的冤屈，被冠上私通敌国的罪名，那可是死罪呀！愚弟这就去求见大王，无论如何也要保全兄长的性命。"说完，立刻进宫求见惠王。

庞涓上奏惠王说："孙膑私通齐使，该判死罪。但他是大王重金礼聘来替大王效力的人才，一旦将他处死，唯恐各国的人才将会怀疑大王招揽人才的用心，不敢前来魏国替大王效命。微臣认为，不如判孙膑'膑刑'①，削去他的膝盖骨，并且在他的脸上刺上罪犯的标记，使他成为废人，一辈子都回不了齐国。如此一来，既可让他苟全性命，又可以断绝后患。只是微臣不敢擅自主张，特来请问大王旨意。"

惠王思虑片刻，点头说："爱卿的盘算果然周到，这样的刑罚很适当。"

---

① 膑刑：削去膝盖骨的刑罚。

庞涓回到府中，对孙膑说："大王原本十分恼怒，非要愚弟判兄长死罪才行，经过愚弟再三以性命作担保，大王总算答应免去兄长的死罪，但必须削去兄长的膝盖骨，并且在兄长的脸上刺上罪犯的标记。这是魏国通敌罪的最轻刑罚，愚弟也只能为兄长尽力到此了。"

孙膑这才恍然大悟，明白鬼谷先生为他改名的原因。他叹息说："恩师曾经为我预言说：'虽然遭受残害，但还不算大凶。'愚兄今天能保住性命，都是仰赖贤弟的帮助，将来一定会报答贤弟的救命之恩。"

于是孙膑被削去双腿的膝盖骨。这残酷的刑罚使孙膑疼痛不堪，大叫一声，昏倒在地，半天才苏醒过来。接着又被人用针在脸上刺了"私通外国"四个字。

事后，庞涓装模作样地在孙膑面前啼哭，并亲自帮孙膑敷药包扎，然后派手下把孙膑抬到书房，不断地安慰他，并且用各种补品给他补充元气。

经过一个多月的疗养，孙膑受刑的伤口逐渐愈合，只是膝盖骨已经被削去，两条腿无力支撑身体，不能自己行动，只能盘着双腿坐在地上。

8. 救命的锦囊

孙膑双腿残废，家产又全部被没收充公，只好寄住在庞涓府中，连三餐都依赖庞涓供养。

庞涓雇用一名书童名叫诚儿，专供孙膑差遣，还找工匠制作了一部轮椅推车，让诚儿推着孙膑出外散心，孙膑因此对他感激涕零。

"贤弟军务缠身，还天天在百忙之中抽空来探望我这个戴罪的人，令愚兄深感过意不去。愚兄如今只是一个废人，毫无能力报答贤弟，可叹哪！"

"虽然愚弟与兄长同窗三年，可惜资质驽钝，才能比兄长逊色许多，无法尽得恩师的真传，以致运筹军务常常感到无力施为。如果兄长愿意将恩师传授的《孙子兵法》传授给愚弟，那便是恩同再造，愚弟终身感激不尽！"

孙膑为了报答庞涓，虽然明知会违背对恩师的誓言，但还是答应了。

庞涓立刻帮孙膑备妥书写用具，要他将《孙子兵法》连同鬼谷先生的注解写在木简上，并私下吩咐诚儿要催促孙膑早日完成。

孙膑还写不到十分之一，庞涓就迫不及待地召唤诚儿，问他孙膑写兵书的进度。诚儿回答："孙先生因为两只脚不方便，躺卧的时间多过盘坐的时间，所以每天最多只能写两片木简。"

庞涓怒气冲冲地说："进度如此缓慢，要等到哪一天才能完成！我看你头脑灵光才雇用你，就是为了办好这件事，你可得想办法催促孙膑快完成兵书才行。哼！再有延误，别怪我心狠手辣！"

诚儿被庞涓斥退之后，私底下送礼给庞涓的贴身仆从，问他："元帅对孙膑那么照顾，可是请孙膑写兵书，为何要如此急迫？"

庞涓的仆从回答："你有所不知。元帅对待孙膑，表面上虽然很好，内心其实很妒忌他的军事才华。之所以保全孙膑的性命，只是为了得到他祖传的《孙子兵法》。目的一旦达成，孙膑就死罪难逃了。你千万不可在孙膑面前走漏风声，否则连你也性命难保！"

诚儿打听到这个消息，赶紧偷偷地告诉孙膑："我打听到元帅计划在得到《孙子兵法》之后，便定下先生的死罪。请先生快想办法，以求自保！"

孙膑乍听之下，又惊又疑，一时答不出话来，只喃喃自语道："义弟要害我？这……不可能啊！"诚儿见孙膑对他的话半信半疑，立刻接着说："家父原本是一名军官，因为从前得罪过元帅，被元帅活活打死。我一心想报仇，正好前阵子鬼谷先生派墨子的弟子禽滑厘送我一大笔钱养家，并且帮我取了新名字，教我设法进入元帅府任职。他嘱咐我若是庞涓想加害先生，就赶紧将这个锦囊交给先生，并在暗中照顾先生。只要先生能逃过死劫，他就能找到机会救先生脱困。"

孙膑听完大惊失色，顿时明白自己为何突然遭受不白之冤。他心想："原来庞涓是狠毒不义的小人，我怎能将《孙子兵法》传给他呢？"接着又想："我如果揭穿他的真面目，不继续写兵书，他必然会恼羞成怒，到时候我的性命就危在旦夕了！"

孙膑一时心绪混乱，左思右想，想不到自保的计谋，便打开诚儿递过来的锦囊，看见囊中有一小块黄丝帛，中间正是恩师亲笔写的一个"疯"字。

孙膑猛然想起恩师从前一再暗示他不可相信庞涓的为人，他却毫不在意，如今果真吃了大亏，顿时悔恨交加，泪如雨下。

"不行！我怎能就这样辜负了恩师的期望呢？我发誓一定要向庞涓讨回公道！"孙膑痛定思痛，先将锦囊丢入火炉中焚烧，然后对诚儿说："感谢小兄弟的救命之恩！我如果死里逃生，将来必定不忘报答。"

诚儿回答："在下只希望先生能及早逃离虎口。他日先生如果有机会施展才能，希望能借先生之手除去庞涓，以报杀父之仇。"

于是孙膑马上将自己的活命计划告诉诚儿，诚儿也发誓要竭尽全力协助他。

孙膑如同吃下定心丸，一连写了十几片木简的兵书，接着就在写过的木简上乱画八卦，又在自己残废的膝盖上一边画符咒，一边喃喃自语。

诚儿赶紧拿起被孙膑画得乱七八糟、无法辨识的木简，跑去向庞涓报告："小的不断催促孙先生写兵书，但孙先生却突然拿笔在双膝画符咒，不断地自言自语，还说那一双脚可以日行千里。小的要他写兵书，他竟然在写好的木简上乱画符咒。"

庞涓接过木简，看见上面的文字已经无法辨识，气得将木简摔在地上，立刻带着随从去书房看个究竟。只见书房里乱七八糟，孙膑披头散发，头脸和手脚都涂满了墨汁，嘴角淌着口水，一下子仰着脸哈哈大笑，一下子趴在地上哇哇大哭。

庞涓问孙膑："兄长为什么大笑？又为什么大哭？"

孙膑回答："我笑是因为魏王想谋害我的性命，可是我有十万天兵相助，他丝毫也奈何不了我！我哭是因为魏国没有我孙膑，再也没有人能带兵打仗了！"说完，忽然睁大眼睛看一下庞涓，不停地磕头，大声说："鬼谷恩师，魏王要加害我，请救弟子一命！"

庞涓回答："我是庞涓，兄长别认错了！"

孙膑却揪住庞涓的衣袍，不肯放手，嘴里乱喊乱叫："先生救命！先生救命！"

庞涓喝令随从将孙膑打昏，拉到一旁，正想离去，心中却仍是疑惑不已。他怀疑孙膑装疯，打算试探孙膑，便命令随从将孙膑拖入猪圈，让他倒卧在猪粪堆当中，密切注意他的动静。

孙膑一清醒就发觉自己身在猪圈，躺在臭不可当的粪堆中，心想："一定是庞涓故意要试探我是真疯还是假疯。我如今陷入九死一生的困境，不管多大的屈辱与折磨，我一定要强忍过去。唯有保住性命，将来才有机会找这个阴险狡诈、见利忘义的小人报仇。"

孙膑于是咬紧牙关，再度装疯起来，把猪圈内的猪当成天兵天将来吆喝使唤，还将猪粪揉成一团一团乱扔，闹得那些猪骚动不已。

庞涓来到猪圈外头窥视孙膑的举止。他发现孙膑依旧疯癫，却还是放心不下，于是就命手下端酒菜进入猪圈给孙膑吃，骗他说："我们可怜先生双腿残废，还遭受这般污辱，特地送上酒菜来安慰先生，元帅并不知情，请先生快吃了吧！"

孙膑知道这又是庞涓的诡计，故意瞪大布满血丝的双眼，面孔狰狞地骂说："我知道你是魏王。别当我孙膑是傻瓜，又想来毒死我！"随即一挥手将酒菜都打翻在地上。

于是庞涓的手下就用泥块当成饭菜，送给孙膑吃，孙膑居然拿起来就吃。

庞涓听到手下的报告，起初惋惜地说："可惜！他脑袋里的《孙子兵法》骗不到手了！"接着又欣喜地说："也好！孙膑果真疯了！这样一来，不管他多有才能，从今以后再也威胁不了我了。"

从此以后庞涓就不再限制孙膑的行动，只是命令两名手下随时跟踪孙膑，并且要诚儿依旧扮成孙膑的书童，用轮椅推着孙膑，准备好书写工具在一旁伺候，找机会哄骗孙膑写出《孙子兵法》。可是孙膑写出来的却是在鬼谷学到的各家学问，而且胡乱拼凑，让人连一句都看不懂。

孙膑经常早出晚归，仍旧把猪圈当成睡觉的处所。他经常自言自语，又说又笑，也经常号啕大哭。市街上，有些人认得他是孙客卿，可怜他已经残废，又得了疯病，就拿一些饭菜给他吃。孙膑有时候吃，有时候不吃，依旧成天疯言疯语。

魏国上上下下除了诚儿，没有人知道孙膑是装疯的。

庞涓看着如同行尸走肉一般的孙膑，碍于自己与孙膑是结拜兄弟的关系，实在找不到合适的理由杀他，只好吩咐跟踪孙膑的手下，每天清晨和黄昏，都要回报孙膑所在的位置，以防止孙膑走失或逃走。

庞涓怕魏国人指责他背弃金兰的情谊，就命令诚儿将孙膑安顿在猪圈外面的房舍，照顾孙膑的起居。

诚儿天天用轮椅推着孙膑在市井间穿梭。每到人群聚集的地方，孙膑就开始吆喝起来："我是鬼谷先生，是天上的武曲星下凡，要传授天下无敌的《孙子兵法》给有缘的弟子。想学兵法的人快来拜师学艺啊！"

大家知道孙膑发疯之前，真的学过《孙子兵法》，都围拢过来，听孙膑大声背诵《孙子兵法》。可是孙膑口中念出来的兵法杂乱无章，颠三倒四，完全没有人听得懂。

庞涓的手下也混在人群当中听孙膑背诵《孙子兵法》，连忙用笔记下一些，回去呈给庞涓看。庞涓看过之后，哈哈大笑："孙膑真的疯到无药可医了！"从此再也不把孙膑放在心上了。

9. 田忌献计救孙膑

墨翟把孙膑推荐给魏惠王之后，便回到鲁国讲学。有一天，他派去云梦山跟鬼谷先生学习兵法的弟子禽滑厘回来拜见他，禀告说："弟子奉鬼谷先生的命令，回来禀报恩师：孙膑在魏国受到庞涓陷害，被处以膑刑，靠着装疯才逃过死劫。"

墨翟听完弟子的禀报，长叹一声，说："唉！我非常欣赏孙膑的人品和才华。推荐他给魏王，原本是想帮助他早日受到重用，施展抱负，没想到却害惨了他！"

墨翟看了看禽滑厘，问他："鬼谷先生要请我设法营救孙膑，对不对？"不等他回答，便喃喃自语："看来，我必须去一趟齐国，找我的好朋友田忌帮忙才行。"

禽滑厘连忙点头附和："对！鬼谷先生要我传给您的口信只有'田忌'两个字。"

于是墨翟便带着禽滑厘赶到齐国，去拜访他的好友田忌。

田忌是齐国的宗族，当时担任齐国的大将军。他正愁身边缺乏一位善于谋划教战的军师，一听到墨翟说孙膑是军事天才，却在魏国遭到庞涓嫉妒陷害，不等墨翟出口请求，便说："想不到我国竟有这样的人才！请先生与我一同去觐见大王，商讨营救孙膑回我齐国的计策。"

齐威王听完田忌的禀报，说："我齐国有这样杰出的人才，不但没加以重用，反而让他流落魏国，受尽屈辱，天下人一定会耻笑寡人目光如豆，不识英才！寡人这就派出重兵前去魏国，将孙膑迎接回国，如何？"

田忌回答："庞涓因为嫉妒孙膑的军事才能，才会暗地谋害孙膑。如今孙膑在他掌握之中，形同废人，所以他才毫无顾忌。如果他得知齐国要救回孙膑，必定毫不迟疑就杀害孙膑。魏国目前国势强盛，如果要搭救孙膑，必须有万全之策，秘密进行，万万不可让庞涓和魏王起疑才行。"

于是齐威王便采纳田忌和墨翟的计策，以向魏国示好为名义，派客卿淳于髡押送名茶前去魏国进献给魏王。淳于髡领旨，便捧着国书①，押着茶车，带领几名忠诚的随从，赶路前往魏国。禽滑厘也奉墨翟之命，乔装成淳于髡的随从，准备伺机和孙膑会面，秘密将他接回齐国。

淳于髡一行人来到魏国的国都大梁，求见魏惠王，呈上国书。魏王得知齐国有意示好，欣喜地收下齐王的厚礼，设宴款待淳于髡，并且留他和随从在驿馆②过夜。

禽滑厘暗中找到了孙膑，因为担心打草惊蛇，让庞涓的爪牙起疑心，所以不敢贸然跟孙膑交谈，只是与他擦身而过，小声说出鬼谷先生交代的密语："瓶中菊花，必先经历霜雪，然后名列钟鼎。"

孙膑清楚地听到了禽滑厘念的密语。"这不是恩师帮我占卜时说的话吗？这个人莫非是恩师派来救我的？"他想着，内心不禁浮现一丝希望。

禽滑厘等到半夜，才偷偷地潜入孙膑的住所，将鬼谷先生的口信传达给奉命监督孙膑的诚儿，进到屋内见

---

① 国书：国与国之间往来的正式文书。
② 驿馆：驿站供人休息住宿的馆舍。

孙膑。

孙膑盘腿坐在草席上，看见禽滑厘来到面前却没有丝毫反应，像一尊木头人。

禽滑厘晓得孙膑心存警戒，流着泪对孙膑说："我是墨子与鬼谷先生的弟子，曾听两位恩师说孙先生的人品与才能堪称人中之龙。今日看见先生被小人庞涓陷害，流落到如此悲惨的困境，内心感到万分痛惜！"

孙膑唯恐这个禽滑厘是庞涓派来试探的爪牙，不敢响应，表情依旧木然。

禽滑厘接着说："鬼谷先生派我回鲁国找墨子，设法向齐王禀告先生遭庞涓陷害的事。齐王非常仰慕先生的才华，因此策划派淳于髡来魏国贡茶，其实是要借机拯救先生回到齐国，让先生一展所长，来日找庞涓报膑足之仇。"

诚儿见孙膑毫无反应，连忙帮腔："禽滑厘先生说的没错，请孙先生不必再多虑。"

孙膑听诚儿这一说，才知道来者正是自己的救星禽滑厘，顿时泪如雨下，经过许久才说："庞涓阴险多疑，要在他的监视之下，运送我这个残废的人回齐国，谈何容

易？唉！我误信庞涓这种小人，以致祸害加身，原本死不足惜，只怕会连累了您呀！"

"我早就定下万全之策，请先生不必挂虑，只要在此地等候即可。"禽滑厘将计策说给孙膑和诚儿听，两人都觉得可行。

第二天，淳于髡假意去向魏王拜别，魏王又设宴款待他，还请庞涓来作陪。魏王很欣赏淳于髡能言善辩的口才，赠送他不少金银布帛。淳于髡装作开怀畅饮，醉得不省人事，被随从搀扶回驿馆歇宿。魏王和庞涓也都醉倒了。

当天夜里，禽滑厘先让孙膑换下衣服头巾，派人将他藏在车内，用魏王赐给的布帛掩盖住。然后让熟悉水性的随从王义穿上孙膑的衣服，披头散发，用污泥涂满脸庞，打扮成孙膑的模样。

隔天，诚儿推着假扮成孙膑的王义，来到流经大梁城北的运河鸿沟边闲晃，把庞涓的手下蒙骗过去。淳于髡则再度拜别魏王，来到长亭，与庞涓欢饮而别。

淳于髡与禽滑厘离开大梁之后，火速赶回齐国。这时候，假扮成孙膑的王义却佯装发狂，跌入鸿沟。那些监视的爪牙连忙下水打捞，却什么也没找到，只得押着诚儿回去，将孙膑在运河溺毙的经过禀告庞涓。

王义仗着过人的水性，随着河水漂到下游，将身上的衣服脱下，丢弃在浅滩，便回齐国向田忌复命去了。

庞涓派人在下游打捞孙膑的尸首，却只找到孙膑的衣服，便上报魏王说孙膑已经溺毙，被湍急的河水冲往下游去了。

庞涓以为心腹大患已除，并没有责罚诚儿。只是他连做梦都想不到，孙膑已经金蝉脱壳①，在回齐国的路上了。

淳于髡护送着孙膑赶路，一直到离开了魏国的边境，才让孙膑在客栈歇息，沐浴更衣。

田忌心急如焚地等候情报，好不容易才等到手下传回的消息："淳于髡圆满完成任务，一行人正朝临淄奔来。"他立刻带领随从和预先准备好的轮椅推车，亲自到临淄城

---

① 金蝉脱壳：金蝉成虫时要脱去外壳，后来比喻为运用计谋脱身。

外迎接孙膑回将军府，然后再派人禀告齐王。

第二天，齐威王为了表示对孙膑的敬重，特地要田忌以蒲车①载送孙膑入朝。

齐威王听墨翟称赞孙膑是人中之龙，原以为孙膑是个英姿勃发的男子汉，没想到眼前的孙膑竟然容颜枯槁，丝毫不起眼，于是便很不客气地问田忌："这样一个要死不活的人，会有什么过人的才能吗？你确定他就是寡人想委以重任的孙膑？"

田忌回答："启禀大王，孙膑在魏国受尽庞涓凌辱，若不是靠他过人的智慧和意志，早就没命了。今天他还能活命来到大王的面前，就代表他真的有过人之处。"

齐威王听田忌这一说，马上收敛鄙夷的神色，命左右扶孙膑就座。问孙膑："齐国几十年来，由于内乱和政治腐败，常遭受邻国的侵伐，国势衰弱不振。寡人即位十几年来，极力推行政治改革，一心一意想振兴齐国的军力，可惜我国军队素来怯弱畏战，只善于力守而不善于强攻。

---

① 蒲车：用蒲草包裹住车轮的车子，用以防止压伤草木，亦可让车子安稳而不颠簸。古代用以封禅或征聘隐士。

听说孙先生在兵学方面的造诣深不可测，所以想请教先生：兵法有什么重要之处？"

孙膑回答："当今天下分崩离析，各国都有互相吞并的野心。当国家面临强敌压境时，打胜仗就可以避免亡国，延续将要断绝的世系；打败仗，就会割让国土而危及国家。因此，用兵打仗的学问攸关国家安危，不可不慎重地分析研究。"

齐王又问孙膑："如何用兵才能确保胜利？"

"用兵必须做好充分的准备，才能付诸行动。城池虽小却能防守稳固，那是因为预备了充足的物资；士卒虽少却又力量强大，那是因为站在正义的一方。如果防守而没有物资，发动战争又不符合正义，胜利的机会就很渺茫。"

齐王又问："施行仁义道德就能避免战争吗？"

孙膑回答："那也不一定。唐尧统一天下时，有七个部落抗拒他的命令。由于唐尧注重休养生息，积蓄力量，因而能战胜背叛的部落，让全国归服于他。而商汤驱逐夏桀，周武王讨伐商纣王，周公平定商奄的叛乱，都是靠战争。这些圣人当然想推行仁义道德来消弭战争，可是根本行不通，所以只好借由发动战争来制止战争啊！但战争是不好的，好战的人最终都会败亡，贪求胜利的人，往往招致祸患与耻辱。"

齐威王问了许多与战争有关的问题，孙膑都对答如流，句句中肯，使得齐威王很受启发与鼓舞，对孙膑大为赏识，当下就要封他官爵。

孙膑连忙辞谢："臣承蒙大王救命之恩，还没有半点功劳回报大王，万万不敢受封官位。况且，如今庞涓认定臣必死无疑，他如果知道臣已来到齐国效力，必会因为嫉妒而开启战端，这对国势较弱的齐国不利。不如将臣来到齐国的事保密到底，等来日有需要臣效力时，臣必定肝脑涂地，以报答大王。"

齐威王同意孙膑的请求，让他先担任田忌的门客①，并且严令相关人员不可泄露孙膑的身份。

孙膑想拜谢禽滑厘和墨翟，想不到他们师徒二人已经不辞而别。他想知道兄长的下落，田忌便派人跑遍齐国帮

---

① 门客：古代寄居于官宦显贵家中，为主人策划计谋、奔走效力的人。

他打听，却始终没半点音讯。

孙膑这才恍然大悟——原来哥哥的家书根本就是庞涓为了陷害他，一手捏造出来的。

孙膑不禁感叹："想不到庞涓竟是这般狡诈多端！我轻信这种小人，落入他的陷阱，如今还能活命回到齐国，算是上天待我不薄啊！我孙膑对天发誓：只要有机会，必发挥所长，报答帮助我的人，严惩庞涓。"

10. 田忌赛马

　　田忌接受孙膑的建议，对家人、下属及门客宣称孙膑名叫"子系先生"，是他的远房亲戚。他对孙膑十分照顾，私下常常向孙膑请教兵法，在行军布阵、防守进攻方面有许多收获。

　　田忌的门客当中，有不少心高气傲的人。他们看见"子系先生"貌不惊人，又是病恹恹的残疾之躯，竟然受到主人的百般礼遇，都感觉很不是滋味，便拿各家的学问去请教他，存心要试探他的能耐。

　　"请问子系先生，阴阳五行当中包含着什么道理？"

　　"请问子系先生，姜太公兵法有什么奥妙之处？"

　　这些问题，孙膑都了如指掌，但他唯恐暴露身份，因此刻意只回答一点皮毛，然后反过来向对方求教，因而招来不少冷嘲热讽。

有的门客故意要令孙膑难堪，便在田忌面前问孙膑问题。孙膑也都假装回答不出来，反过来向对方求教，然后才在私底下告诉田忌这些门客的见解有何可取与不足之处，也让田忌明白自己花费重金招纳的门客当中，哪些人具备真才实学，哪些人其实是滥竽充数。

田忌眼看着孙膑受到自己门客的刁难与羞辱，为孙膑感到不平，就问他："他们的才学不及先生的万分之一，先生要折服他们易如反掌，何苦如此自贬身价，让他们瞧不起呢？"

孙膑淡然一笑，回答："在下求的是千秋万世的功业，而非一时的口舌之快。所以就算有宏图大志，也需等待适当的时机，才可展现惊人的才能。从前在魏国饱受耻辱，在下都默默忍受下来了，这一点言语上的羞辱，在下根本不放在心上。"

田忌深知孙膑具有坚韧不拔、忍辱负重的个性，因此对他更加敬重。

齐威王希望能借由娱乐来提升尚武的风气，因此在闲暇的时候，经常邀齐国的宗亲公子赌赛马。赛马分三场，

参赛者必须从自己的马厩中挑选骏马三匹，分上等马、中等马和下等马三个等级来较量，赢两场的一方就可以赢得赌金。

田忌因为自己的骏马脚力比不上齐威王的骏马，连连败北，输了不少金子。

有一天，田忌让孙膑乘坐轮椅推车，带着他一同去观看赛马。

孙膑发现田忌的骏马跑起来，速度只比齐威王的骏马差一点点，可是却接连三场都输。他仔细观察之后，稍加思索便明了问题所在，掌握到胜负的关键，于是就私下告诉田忌：“将军可以主动邀请大王来日再赌一回赛马，臣有把握能让将军赢回输去的赌金。”

田忌十分惊讶地问：“先生无法驱马驾车，如何帮我得胜？”

孙膑自信满满地回答：“在下已经想妥必胜的策略，请将军不必忧虑。”

“先生如果能保证让我赢得赛马，我就请求大王，以千两黄金作为赌注。"

"将军尽管去请求大王无妨。"

于是田忌便去求见齐威王，说："臣与大王赌赛马，一连几次都输给大王，输掉不少积蓄，实在很不服气。来日请大王再与臣赌一回赛马，臣愿意倾尽积蓄，三场都以千两黄金当作赌注。"

齐威王算准田忌的马跑不过自己的马，于是便笑着答应了。

赛马当天，齐国的宗亲公子都来到赛马场观看，临淄城的百姓也有数千人来到现场围观。

赛马场人声鼎沸，大家都议论纷纷，认为田忌不自量力，必输无疑。

田忌问孙膑："先生必胜的赛马策略是什么呢？这场比赛关系到三千两黄金的输赢，十分重大，可不能跟以往的赛马一样，当成游戏来看待啊！"

孙膑回答："齐国最好的骏马，都聚集在大王的马厩，将军饲养的骏马要跑赢大王的骏马，根本是不可能的事。

不过在下有一条计策，可以让将军的马跑赢两场。"

田忌催促孙膑："请先生快说！"

"比赛分成上等马、中等马和下等马三场。将军可将下等马伪装成上等马，上等马伪装成中等马，中等马伪装成下等马。如此一来，首场将军便可先用下等马和大王的上等马比赛，第二场再用上等马和大王的中等马比赛，第三场则用中等马和大王的下等马较量。将军首场虽然惨败，二、三场却可小胜。"

田忌茅塞顿开，赞叹说："真是妙计呀！"连忙用金马鞍装饰自己的下等马，与齐威王比赛第一场，果然败得很惨，输掉了千两黄金。

齐威王大笑，得意洋洋地告诉田忌："将军若是反悔，想撤回接下来的两场赌金，尽管开口，寡人不忍心让你倾家荡产。"

田忌回答："还有两场比赛，臣要是都输了，大王再来笑臣也不迟呀！"

接下来的第二场、第三场赛马，果然如孙膑所料，田忌的马都跑赢了。三场下来，田忌反而赢得赌金千两，令齐威王大感惊讶。

田忌当众禀告齐威王："臣今日所以得胜，依靠的并非臣的骏马，而是'子系先生'的计谋。"

当齐威王听完田忌赛马的伪装调度策略之后，不禁赞叹说："光从这一件小事，就可以看得出'子系先生'出众的才智了!"

从此齐威王越发敬重孙膑，经常宴请田忌与孙膑，并赏赐孙膑无数的财宝。

田忌的门客看见"子系先生"初展智谋就为主人立下大功，还获得齐王赏识，从此再也不敢轻视他。原先在他面前态度傲慢的门客，态度都变得恭恭敬敬。孙膑看在眼里，表面上虽然装作无所谓，内心却开始对那些前倨后恭的门客心存警戒。

田忌既爱惜孙膑的才华，又同情孙膑的不幸遭遇，因此对孙膑十分体恤。不但派王义担任孙膑的护卫，还秘密派人去魏国接诚儿一家人来到齐国安顿，让诚儿继续服侍孙膑。

王义曾经豁出性命帮助孙膑金蝉脱壳，诚儿更是孙膑的救命恩人，有这两个人相伴，孙膑内心的斗志益发昂扬，对田忌效命的忠心也更加坚定，竭尽所能地协助田忌操练军士，演练阵法。

11. 攻魏救赵

正当孙膑隐姓埋名，在齐国协助田忌整顿军队时，魏国也正忙着调度军队，准备对赵国用兵。

原先魏惠王冀望借重孙膑的军事才能，由他策划夺回被赵国占领的中山领地，后来孙膑遭庞涓诬陷，伐赵的任务便改由庞涓主导。

庞涓向魏惠王禀告："中山虽是魏国的领地，却向来不易管辖，原因是它紧邻赵国，而和魏国相距遥远。大王既然要出兵伐赵，与其千里迢迢地去夺回中山，不如就近占领赵国的都城邯郸，逼赵国割让和我国相邻的土地，以换取中山。"

魏惠王非常认同庞涓的见解，立刻命令他率领八万精兵，火速朝赵国的都城邯郸进攻。

赵国的军队抵挡不住庞涓的攻势，节节败退。赵成侯眼看邯郸危急，赶紧写好国书，以奉送中山之地为交换条件，派遣使者去向齐国求援。

齐威王被赵成侯开出的条件打动了，有意派兵援救赵国，立刻召集大臣来商议。当时齐国内部分为两派，以相国邹忌为首的一派主张不救赵国，以大将田忌为首的一派则主张援救赵国。

邹忌禀告齐王："当年赵国仗着国力强盛，便霸占了魏国的中山领地。如今魏国国势较强，对赵国展开报复是理所当然的事。大王派兵援救赵国，虽然得到大片土地，也将激怒魏国将矛头转向齐国，一旦大动干戈，恐怕齐国会得不偿失。"

田忌早就征询过孙膑的意见，他向齐王禀告："不救赵国，对齐国不利。因为魏国自从庞涓领军之后，向来野心勃勃，一旦攻下赵国，国势将会更加强盛。到时候齐国若不臣服于魏国，魏国迟早会派大军攻打齐国。与其等着和兼并两国大军的魏国决战，不如趁现在魏国尚未坐大，出兵援救赵国，一方面可取得中山，一方面可避免魏国的兵力坐大，可说是一举两得。"

齐威王觉得田忌的意见对齐国比较有利，于是便决定派兵援救赵国。他素来赏识孙膑的军事才能，便召来孙膑，要封孙膑为援救赵国的主帅。

孙膑连忙辞谢说："臣是遭受过酷刑而残废的人，用臣担任主帅，只怕天下人会认为齐国没有优秀的军事人才，更会让魏国耻笑。请大王封田忌将军为主帅，臣愿意在幕后为将军谋划军事行动。"

于是齐威王调派八万大军，任命田忌为此次用兵的主帅。

孙膑依旧隐姓埋名，担任田忌的军师，坐在用帷幔遮住的指挥车当中策划军事行动。他经常乘坐轮椅，让诚儿推着到处去观察地形，绘制军事地图。

田忌原本打算率领大军开往邯郸，直接与魏国的主力军对峙，用强势的军力逼迫魏军停战，达成援救赵国的目的。

孙膑说："赵国的将帅不是庞涓的对手，等我军到达邯郸，邯郸城早就被魏国攻下了。"

田忌问："莫非军师有比较好的战略？"

孙膑分析说："假如有强者正在欺负弱者，要制止强者，只须引开强者即可，绝对不可以跟强者正面交锋，以免身受其害。而引开强者最好的方法就是'攻其所必救'。"

田忌不禁质疑："军师有什么妙计可以引开正在攻打邯郸的魏军呢？"

孙膑接着分析说："如今魏国派大军攻打赵国，国内的精锐部队必然全部出动，只剩老弱兵卒留守国内。将军可以先派人散播消息说齐军要攻打魏国都城大梁，然后率领大军朝大梁的方向急行。庞涓得到情报必定选择先解救大梁，只好放弃攻打赵国，领兵回头来对抗齐军。如此一来，既可解除赵国的危机，又可让魏军疲于奔命，战力自然就减弱了。"

田忌又问："军师可有战胜庞涓的把握？"

孙膑却反问田忌："将军的部将当中，有谁是有勇无谋的？"

田忌回答："齐城、高唐。"

"那就请派齐城、高唐二将为先锋，各率领一千兵卒往南去攻打平陵。平陵易守难攻，是魏国南方的粮仓，只要攻下平陵，就等于断绝了魏军运粮补给的通道，所以魏国必定会在平陵周围的城邑加派重兵防守。此战齐城、高唐二将必败，我要先用计迷惑庞涓，让他产生轻敌之心。"

田忌按照孙膑的计策，派齐城、高唐带领先锋部队去攻打平陵，命令主力部队埋伏在后方伺机而动。驻守在平陵周围的魏军立刻出动夹击齐国的先锋部队，齐城、高唐二将果然被杀得大败而逃。

孙膑接着又献计说："请将军派遣轻便的战车百辆，往西杀向大梁的城郊，以激怒庞涓。同时也派少量的士卒跟随在战车的后面，显示我军以寡击众的突袭意图。"

田忌又按照孙膑的计谋去调度部队。

在魏国进攻邯郸的庞涓先是听说齐军南下进攻平陵，他心知平陵易守难攻，因此并不担心，仍旧命令魏军全力围攻邯郸。接着传来情报，果然如他所料，魏国守军在平陵大败齐国的先锋部队。

"哈哈哈！那田忌虽贵为大将军，却是有头无脑、毫无半点军事谋略的莽夫。等我拿下赵国，回头必定将这个无脑将军生擒到手，去向大王讨赏！"庞涓得意地在手下面前大笑，轻敌之心油然而生。

在魏军猛烈的攻击之下，邯郸终于被庞涓攻下了。

庞涓站在邯郸城上傲视赵国，正感觉不可一世时，忽然传来情报，说齐军以轻便的战车和少量的军队突袭大梁，钻到魏国的心脏地带去了。

庞涓不由得怒火中烧，放着辎重车辆不用，命令主力部队镇守邯郸，只率领两万精锐的轻骑，日夜兼程赶路，火速直奔大梁。

孙膑从情报得知庞涓已经中计，立刻请田忌调动主力部队，埋伏在庞涓必经的桂陵，等庞涓的轻骑部队经过时，出其不意，发动攻击。

12. 桂陵之战

庞涓的部队还没来到桂陵，斥候^①就回报：“前方二十里的大路上有齐国军队驻守。”

庞涓立刻下令大军停止前进，就地戒备。他亲自到前方观察，发觉齐军的营地排列不整，队伍凌乱，唯恐齐军使诈，就命令魏军在原地扎营休息，坚守阵营，准备等士兵的体力一恢复就要大败齐军。

庞涓的行动早在孙膑预料之中，因此齐军早就以逸待劳，排列好阵势准备与疲惫的魏军决战。孙膑不让魏军有休息的机会，马上请田忌指挥袁达率领三千兵卒向魏军挑战。

孙膑嘱咐袁达：“只准败，不准胜。先奋力抵抗一阵，

---

① 斥候：侦察敌情的哨兵。

然后诈败而逃。"并告知袁达逃亡路线。同时故意将袁达的部队整编得外表看来凌乱不堪，其实乱中有序。

袁达领命，带着兵马前去魏军阵营挑战。

庞涓看见来挑战的齐军队伍散乱，分明是乌合之众，立即放弃坚守阵营的打算，命令宗族子弟庞葱率领三千兵马出面应战。

庞葱率领疲累的士兵与齐军厮杀，他发觉齐军虽然杀声震天，却毫无奋勇杀敌的锐气。双方战了一阵之后，袁达假装受伤，在手下的护卫之下逃走，于是齐军登时溃散，个个丢盔弃甲，转身而逃。

庞葱唯恐齐军有诈，不敢追击，回营去禀告庞涓。

庞涓厉声斥责庞葱："连一名小小的齐将都擒拿不下，我还怎么生擒田忌呢？"说完，立刻下令："全军奋力追击散逃的齐军，等生擒田忌再回来拔营。"

魏军一路循着地上零散的人马足迹追赶齐军，来到桂陵，只见前方齐军早已排列好阵势。庞涓站在战车上观看，发现齐军的阵势中，八色旗帜罗列有序，正是孙膑刚到魏国时所布的"颠倒八门阵"。

庞涓不禁感到万分诧异，心想："孙膑曾说这是鬼谷先生研究出来的独门阵法，田忌这名无脑将军怎么晓得这个阵法？难道说孙膑已经回到齐国了？不可能！以他残废之身，跌入河中绝对没有活命的机会。"

庞涓又惊又疑，赶紧指挥魏军布好阵势，与齐军遥遥相对。

这时齐军当中推出一辆战车，车上插着大将田忌的旗号。田忌全身披挂，手执长戟，威风凛凛地立于战车上。田婴则手持长戈，站在旁边。

庞涓命人将自己的战车推到魏军前端，高声对田忌喊话："我魏国与你齐国向来和好，如今我魏国要解决与赵国之间的旧怨，与你齐国何干呢？将军背弃齐魏的友好关系，援助赵国，实在是不智之举呀！"

田忌回答："赵国将中山之地献给我们大王，我们大王才会派我率领齐军援救赵国。如果你魏国也割让数郡之地给我齐国，我就立刻退兵。"

庞涓勃然大怒，对田忌说："谅你有什么本事，敢与我对阵？"

田忌依照孙膑的计策，反问庞涓："你既然有本事，能说出我摆的是什么阵势吗？"

"你那是'颠倒八门阵'！我魏国连六岁孩童都能看穿你的阵势，我怎会不认得！"

田忌抓住机会刺激庞涓："你既然能看穿我的阵势，敢不敢来攻打？"

庞涓踌躇了片刻，心想："如果说不打，只会灭了我自己的威风。"于是便厉声回答："我既然能看穿你的阵法，要破阵更是易如反掌！"

庞涓随即吩咐庞葱和庞茅说："这种颠倒八门阵能变化成长蛇阵，攻击阵首则阵尾接应，攻击阵尾则阵首接应，攻击阵中则阵首阵尾都会接应，因此攻击者必会受困。我现在领军去破阵，你们两人各领一军，只要看见齐军的阵势一变，立刻进攻首尾，使它首尾不能相顾，便可攻破齐军的阵势。"

庞涓吩咐完毕，亲自率领五千名精锐士卒，以锐不可当的气势攻入齐军阵中，杀得齐军抵挡不住，纷纷走避。

庞涓正在得意的时候，忽然发现四面八方的旗色纷纷转换，一时竟认不出方向。他带领精锐部队东奔西撞，所到之处尽是戈甲如林，根本杀不出重重的包围。

原来孙膑早就从"颠倒八门阵"推演出"八卦阵"，故意用此阵来迷惑庞涓。八卦阵共是九队车马，阵形正方。等到庞涓领军来打阵，抽去首尾二军成为犄角之势，用来抵挡援军，其余的七队军马则变化成圆阵，因此庞涓当然不了解其中的奥妙。

庞涓耳中充塞着齐军的战鼓和呐喊声，仔细一看，四面八方包围的八色旗帜上竟然都写着一个大大的"孙"字，不禁大吃一惊："孙膑果然在齐军当中，我中计了！"

正在危急的关头，庞葱的兵马突然杀进阵势当中，庞涓抓住机会大喝："快保护我突围！"

庞葱的兵马遵照庞涓的指挥，奋力拼斗，终于杀出一条血路，没命地朝营地奔逃。接近营地的时候，庞涓赫然听见擂鼓呐喊，看见营帐上头全插着"田"字旗，顿时吓得魂飞魄散，大喊："阵地已被齐军占领，快掉头，杀出一条血路回魏国！"

原来孙膑打探到庞涓率领大军去追击齐军之后，便派一小队兵马去占了魏军的营寨，插上齐国的军旗，抓紧魏军回营的时机猛然擂鼓呐喊，威吓魏军。

庞涓这时犹如惊弓之鸟，他哪里想得到自己又中了孙膑的计，手中剩余的万余大军竟然被区区几十名齐军吓得四散奔逃。

魏军的前部火速折返，后面的军士反应不及，造成人马相互践踏，死伤不计其数。

庞涓自知魏军的战力已剩不到一二分，绝对不是孙膑的对手，竟然任由掉头的魏军去冲杀齐军，自己则趁着混乱带领庞葱和少数人马悄悄抄小路，逃回魏国。

当初庞涓率领八万大军攻伐赵国，如今生还者不到千人，连宗族爱将庞茅都死在田婴手里。反观齐国，在孙膑精心的策划下，只损失二千兵卒，却得到中山之地。

庞涓自领兵作战以来，当者披靡，因此一路平步青云，成为魏惠王最倚重的将领。他做梦都想不到自己为了保住地位，陷害孙膑，到头来却反而栽在孙膑的手里，遭受前所未有的挫败。他万般悔恨自己当初不该为了图谋《孙子兵法》，而给孙膑留下一线生机，丝毫也没想起鬼谷先生叮咛他"不可陷害朋友，以免招来祸患"的临别赠言。

庞涓狼狈不堪地回到魏国，跪在魏王面前，并且以"齐国无预警地介入"当作战败的理由向魏王请罪。魏惠王因为珍惜他是个军事人才，只降他官位一级，准许他将功折罪。

于是庞涓再度积极地整顿军队，训练士兵，等待机会东山再起。可是他一想到孙膑在齐国担任军师，就感觉芒刺在背，坐立不安。他得到情报说齐国的相国邹忌和田忌经常意见不合，于是就私下用重金贿赂邹忌的门客公孙阅，要求他暗中陷害田忌和孙膑，务必要让孙膑卸下军师的职务。

13. 田忌遭受陷害

孙膑在桂陵之战中一鸣惊人，展现出他用兵如神的军事才华，使得他从此名满天下，不须再隐姓埋名。他在齐国的地位也水涨船高，不只田忌对他敬爱有加，执意拜他为师，就连齐威王都佩服他运筹帷幄的能力。

于是，齐威王正式封孙膑为军师，将齐国的军事改革任务都委托给他和田忌，而将政治改革的任务委托给相国邹忌。

自从齐威王即位以来，邹忌便协助他进行政治改革。经过十几年的大力革新，邹忌使齐国原本腐败无能的行政体系逐渐发挥功能，步上轨道，因此齐威王对他万分敬重。

邹忌虽然是一位有远见的政治人才，可惜为人气量狭小，嫉妒心也很重。他眼看着田忌和孙膑在桂陵之战立下大功之后，越来越受到齐威王的重视，内心不由得担忧起来，生怕有朝一日自己的地位会被田忌取代。

邹忌的门客公孙阅看穿了邹忌的心事，便私下试探他："大王在忙什么呢？为什么近来都没请相国去商议国事？"

"你一定看出了什么端倪，才会这样问我，对不对？"邹忌反问公孙阅。

"我发觉大王的治国重心渐渐由政治方面转移到军事方面，长此以往，相国多年来所建立的地位与威望，势必会被田忌和孙膑夺走。"

邹忌一听正中下怀，却故意不回答，假装面色凝重地沉思。接着公孙阅果然说出邹忌内心的想法："田忌不过是一介武夫，带兵打仗，靠着孙膑运筹帷幄才能建立功劳，若是论到治国的才能，他实在不及相国的万分之一呀！再说，他靠着自己是大王的宗族，取得了大王的信任，手中的兵权不断扩张。齐国从前会内乱，就是因为兵权过于集中。万一田忌包藏异心，齐国就危险了！"

邹忌沉吟半晌，称赞公孙阅："先生深谋远虑，说得极对！武夫当政，的确不妥。但如今田忌已取得大王的信任，该如何是好呢？"

"我有一计，可使大王对田忌的信任转变成怀疑。"

邹忌暗自欢喜，却露出一脸忧虑，说："若要我施诡计害人，万万不可！"

公孙阅赶紧抓住机会说："为了防患未然，请相国不必多虑。在下的计策只是避免让田忌独揽兵权，而且保证万无一失。"

公孙阅将计谋告知邹忌后，邹忌暗自欢喜，立刻交给他十两黄金。

公孙阅带着十两黄金，在三更半夜找上临淄城最出名的卜卦算命师，说："我是田忌将军的亲信，奉田将军的命令，想要请你帮忙占卜吉凶。"

算命师卜好了卦，问公孙阅："田将军卜卦是想知道什么事的吉凶呢？"

公孙阅将十两金子递给算命师，说："我们将军是齐王的血脉宗亲，如今兵权在握，威震天下，想进一步取得齐国的大位，让齐国成为天下霸主，所以才想请你断个吉凶。"

算命师大为震惊，赶紧把十两金子还给公孙阅，说："这是背叛国家的滔天大罪，参与者会遭到满门抄斩，所以我压根儿算不出吉凶，就算可以，我也不敢说出口。"

于是公孙阅用胁迫的语气对算命师说："你不想赚这个钱就算了，记得千万别把我们将军的雄心泄露出去，否则就会大祸临头！"

公孙阅前脚才离开，邹忌的手下后脚就进门来，一把将算命师拿下，指控他帮叛将田忌占卜。

算命师连忙喊冤："田将军的手下虽有要求在下帮忙占卜，但在下一听田将军想图谋齐国的大位，死都不敢帮他卜这个卦。请大人明察！"

"既然这样，我就不拘捕你，让你自己到相国府去告发田忌的阴谋。你只须听从相国的指示，必能脱罪。"

算命师跟随邹忌的手下来到相国府，将事情的原委禀告邹忌，邹忌便要求算命师跟随他去拜见齐威王，说明事情的经过。

事后，齐威王果然对田忌起了疑心，派出几名心腹，严密监视田忌和孙膑的一举一动。孙膑察觉齐威王的态度有了转变，叮嘱诚儿和王义在暗中观察，果然发现齐威王的监视行动。

他将事情告诉田忌，田忌大为震怒，对孙膑说："一定是有人去向大王进谗言陷害我，我非把他揪出来碎尸万段不可！先生知道是谁陷害我吗？"

"将军请先息怒。这时候如果我们冲动行事，就正好落入小人安排好的圈套。"

孙膑不断安抚田忌的情绪，直到他冷静下来，才说出自己的看法："庞涓因为忌惮我，才会陷害我。而陷害将军的人，自然也是出于忌惮。齐国之中谁最忌惮将军，将军应该心里有数。"

田忌恍然大悟地说："一定是邹忌，他忌惮大王太信任我，唯恐我取代了他相国的地位。"

接着他十分愤慨地说："我这就去求见大王，向大王解释清楚。"

孙膑摇头说："这样做不妥当！大王既然对将军起了疑心，又有邹忌在一旁煽风点火，将军虽然有意表示清

白，却只会让大王以为将军心里有鬼，白白加深大王对将军的误会。到时候邹忌只要再设下圈套，将军的处境就危险了！"

田忌不平地问："如今我该如何是好？"

孙膑回答："自古以来，君王最顾忌的就是像将军这样军权在握的臣子。如今将军的声望如日中天，不如急流勇退，自请卸下大将军的职位，如此不仅可以得到数倍的封赏，还可一举消除大王对将军的疑虑。庞涓得知将军与在下都卸下军权，必然会有侵略邻国的举动，到时候大王担忧魏国坐大，一定会再礼聘将军重掌兵权，对抗魏军。"

田忌考虑了半天，虽然觉得心有不甘，但还是决定听从孙膑的建议。他对孙膑说："好吧！大丈夫能忍人所不能忍。"

于是田忌便装出一副病容，带着孙膑一同去求见齐威王，禀告说："臣田忌近来身体不适，恐怕无法胜任劳顿的军务，请大王恩准臣即日辞去大将军之职，让臣专心养病。"

齐威王误信了邹忌的谗言，原本还很担忧田忌会起兵造反，想不到田忌却自动交出兵权，不禁欣喜万分，于是对田忌封赏有加。

孙膑也同时向齐威王请求辞去军师的职位，同样得到了优渥的赏赐。

辞官之后，田忌依旧以军师之礼对待孙膑，孙膑则专心于修身养性及研究兵法，并且还收了几名弟子。

在魏国积极训练军队的庞涓听到消息，说齐国的田忌和孙膑已经卸下兵权，不禁喜出望外，夸口说："从现在开始，我可以率领魏国的大军横行天下了！哈哈哈!"

从此，庞涓全力整军经武，等待时机，一雪桂陵之战惨败的奇耻大辱。

不出数年，魏国元气恢复，国势又强盛了起来。魏惠王便任命太子申为上将军，庞涓为大将军，秘密地调度军队，准备一举攻灭韩国。

14. 马陵之战

　　韩昭侯听到魏国准备率领大军攻打韩国时，内心非常焦急，赶紧召集大臣商议，然后立刻派遣使者，赶往齐国求援。

　　韩国使者来到齐国，请求齐威王出兵相救。

　　齐威王召集众大臣议事，相国邹忌认为出兵援助韩国无利可图，不如让军队休养生息，加上大臣当中以畏惧战争的文官居多，商议的结果当然是不派兵援助。

　　齐威王心里盘算，救韩实在无利可图，只是若坐视不管，一旦魏国得胜，国力大增，对齐国的威胁势必加剧。内心正犹豫不决时，忽然想到先前大败魏国的田忌和孙膑，便火速召二人进宫议事。

　　齐威王在见到二人后，大致地说了目前的状况，并询问孙膑的意见。

孙膑分析局势："庞涓自从上次桂陵惨败之后，积极整顿大军，处心积虑要建立战功，洗雪耻辱。他一定打算先攻灭国势较弱的韩国，再来攻打齐国。如今我们朝中大臣畏惧战争，不愿意出兵援助韩国，那么韩国必然会被魏国攻破，接着齐国不可避免一定要跟魏国打一场硬仗。可是魏国一旦拿下韩国，必定士气大振，锐不可当，到时候齐国就危险了！"

齐威王觉得孙膑的分析很有道理，内心更加担忧，连忙问孙膑："先生既然可以预见未来的局势，可有计策好让齐国战胜魏国？"

孙膑接着说："为今之计，只有运用挑拨离间的计策，先分化魏军的团结。如果能让魏国的太子申和庞涓各怀异心，则能削弱魏军的力量。日后万一齐国必须与魏国交锋，胜算自然会大大提升。"

于是孙膑叫来自己的门徒徐生，对他再三叮咛，命他赶去半途等候魏军，私下游说魏国的太子申，离间太子申与庞涓。

徐生接了孙膑的指示，立刻前去打探魏国行军的路线。

当太子申和庞涓率领大军在外黄这个地方扎营时，太子申的手下进入营帐通报："有一名自称是徐生的布衣书生求见。"

太子申下令接见徐生，一见面就问他："先生特地来见我，是不是要给我什么指教呢？"

徐生反问："太子率领大军行经这个路线，看来是要去进攻韩国，是吧？在下可以提供太子百战百胜的策略，太子是否愿意听？"

太子申惊喜地说："既然是百战百胜的战术，我当然愿意呀！"

徐生接着又问："太子自己衡量，您拥有的财富有可能超过整个魏国，尊贵的地位可能超越一国之君吗？"

太子申回答："绝对不会超过的。"

徐生接着说："如今太子亲自率领大军，千里迢迢地去进攻韩国，有幸打了胜仗，再多的财富也无法超过整个魏国，再尊贵的地位也无法超过一国之君。万一打了败仗，或伤了尊贵的身躯，结果将会如何呢？如果不打这一场仗，便能够免去战败的风险，而且也能得到尊贵的王位。这就是在下要献给太子的百战百胜的策略。不知太子以为如何？"

太子申思虑片刻，觉得徐生说得很有道理，便回答："先生说得有理！我决意听从先生的指教，尽快班师回朝。"

徐生回答："太子虽然同意在下的见解，但可能会事与愿违。人家说'一个人煮肉，很多人都等着喝肉汤'。今天太子率领大军伐韩，胜败的责任都落在太子身上，可是众多将领都把拜官封侯的希望寄托在这一场战役上。现在仗都还没开打，太子却想班师回朝，将领们必定不愿意听从。"

徐生离去之后，太子申果然号令魏军立刻班师回朝。

庞涓大为震惊，对太子申说："大王耗费庞大军费，要求众将领积极备战，并把这一场必胜的战役寄托在太子的身上。可是现在太子尚未拿下韩国任何一座城池，就突然号令大军班师回朝，这和战败有什么两样呢？"

太子申听庞涓这么一说，不敢自作主张，赶紧集合众将领一同商议，将领们果然如徐生所预料的，都不愿意空手而还。

太子申只好继续领兵朝韩国进攻，但是他心底已经打定主意：不管胜负如何，自己都要全身而退，他也对庞涓存着忌惮，便将最精锐的部队调来保护自身的安全。

魏军几年来经过庞涓的训练，果然人人奋勇向前，锐不可当，连连击败韩国边境的守军，一路杀向韩国的都城。

韩国的军队抵挡不住魏军的攻势，节节败退，逼得韩昭侯只好再度派遣使者向齐国请求援助。

齐威王于是紧急召集大臣入朝商议，问大家："该不该出兵援助韩国呢？请众卿提出见解，帮助寡人分析利弊得失之后，再给韩国密使回复。"

相国邹忌领头说："魏国与韩国都是我们的邻国，过去我国内乱，国势衰弱的时候，两国都曾经趁机入侵我国。如今这两个敌国互相杀伐，彼此削弱兵力，相对的，我国的兵力就显得壮大了，这对我国大大有利，所以不必出兵援救韩国。"

田忌和田婴异口同声地表示："魏国与我国结怨颇深，目前只是忌惮我国兵力较强，才选择先攻伐韩国。一旦韩国被魏国并吞，下一个目标必定对准我国。与其等待魏国整军来攻打，不如现在马上出兵，和韩国联手打击魏国。"

参与军机会议的大臣纷纷表达意见，唯独孙膑默然无言。于是齐威王问他："军师为何不发一语？就出兵援助与不出兵援助两个策略而已，难道说这两个策略都不对吗？"

"魏国向来野心勃勃，几年前进攻赵国，如今又攻伐韩国。等魏国强盛起来时，难保齐国不会成为魏国下一个攻伐的目标。因此现在如果不出兵援助韩国，就等于背弃韩国而助长魏国的强盛，所以说，不出兵援救韩国，对齐国而言是不利的。"

孙膑停顿一下，接着说："可是现在魏国大军才刚和韩国的主力部队交战，韩军还没被击败，我军就赶去救援，这就如同齐国去代替韩国打仗。这样一来，纵使韩国胜利了，我军也会遭受极大的损伤。所以说，现在出兵援助韩国，对我国也是不利的。"

齐威王觉得孙膑分析得很有道理，却又不知该如何决断才好，便接着问孙膑："军师言之有理！可是寡人该如何面对魏韩之战，又该如何回答韩国的密使才好呢？"

孙膑回答："臣以为大王可以允诺韩国要出兵相助，先稳住韩国的军心士气。韩军知道齐国的救兵将到，必定不肯投降，而会尽全力抵抗魏军的进攻，消耗魏军更多的军力。我军则等到魏军疲弊之时，悄悄地前去救援，打败战力消耗过多的魏军，解救正面临危急关头的韩国。如此一来，就可以损耗最少的战力，而得到最大的功劳。这不是更好吗？"

齐威王听过孙膑所献的计策之后，万分惊喜地鼓掌称赞："军师的意见最完善不过了！"于是便召见韩国密使，告诉他："寡人决意调度十万大军，尽快去援助贵国。"

韩昭侯得到齐国同意派兵救援的消息，精神大振，立刻下令倾全国之力抵抗魏国。

韩国的军队先后和魏军交战五次，都被庞涓打败了。韩昭侯眼看着自己的军队节节败退，赶紧再派遣密使去催促齐国出兵援助。

齐威王知道时机已经成熟，于是再度任命田忌担任元帅，田婴担任副元帅，孙膑担任军师，一同率领十万齐军援救韩国。

田忌从齐威王手中接过将旗，立刻下令全军朝韩国进发。第三天晚上扎营的时候，孙膑请田忌召集各部将到元帅的营帐密商。

孙膑说："现在庞涓必定已经探得情报，认为齐军正出发前去救援韩国。因此他一定会打算加速攻下韩国，然后再迎战我军，以免腹背受敌。我们大军现在就悄悄地转向，直攻魏国的国都大梁，让疲惫的魏军两面不能兼顾，只好放弃韩国，回头解救国都之危。"

田婴问："万一庞涓占领韩国，不肯回头解救大梁，我军该如何呢？"

孙膑说："庞涓是急功近利的小人，可能会这样打算。但魏国太子申统领魏军，必定不容庞涓做如此决定。"

田忌同意孙膑的战略，立即下令拔营，全军趁着夜色悄然无声地急行，转向魏国的都城大梁。

齐军越过魏国的国境之后，一路上，魏国的守军根本

抵挡不了齐国的十万大军，纷纷闻风而逃。

庞涓正在攻打韩国的都城，眼看着就快攻下了。这时太子申忽然接到魏惠王传来的命令："田忌、孙膑率齐国大军入侵魏国，我军抵挡不住，速班师击退齐军。"

太子申大吃一惊，火速号令魏军停止攻城，班师回魏国。

庞涓眼看着韩国就快被他攻下了，实在不甘心就此放弃，便提议说："眼看韩国即将被我军攻占，如今骤然退兵，功亏一篑，未免可惜！齐军向来怯战，太子只须率领一半兵力回国支援，必可逐退齐军。另一半兵力交由臣指挥，继续攻打韩国，臣誓必拿下韩国，献给大王。"

太子申先前已经对庞涓心存忌惮，现在庞涓这样提议，他自然会怀疑庞涓另有野心，企图占领韩国，自立为王。于是便回答庞涓："魏国才是根本。万一魏国被齐军占领，岂不是因小失大？"接着便号令："全军班师回国，迎战齐军。"

庞涓原本以为这回可以占领韩国，晋升万户侯，分封到大片土地，想不到孙膑却又带领齐军从中作梗，破坏他的美梦。他不由得怒火冲天，发誓要打败齐军，将孙膑和田忌碎尸万段，于是便命令魏军急行，以最快的速度赶回魏国应战。

孙膑由情报得知庞涓正率领部队火速赶来，就对田忌说："魏国的军队向来瞧不起齐军，说齐军是胆小鬼。善于带兵打仗的将军会顺着局势的发展，加以妥善地引导与利用。"

"军师准备运用何种战术来对付魏军呢？"

孙膑回答："兵书上说：'用急行军赶百里的路途去争取胜利，会因为与后续部队脱节，而使上将遭到败亡；用急行军赶五十里的路途去争取胜利，则只有一半的部队能够赶到。'我军深入魏国的领土，应该佯装胆怯，来引诱魏军加速追赶，使魏军轻敌而且疲累。"

田忌又问："该如何引诱魏军？"

孙膑说："我军应当立即退回齐国，并且沿途制造军士零散逃走、军纪涣散的假象。大军在途中扎营烧饭时，第一天埋下十万个炊灶，第二天则减为五万个炊灶，等到第三天再减为三万个炊灶。到时候魏军看见我军的军灶急速减少，便会断定我军胆怯畏战，兵卒逃亡过半，于是就会加速追赶我军。如此一来，魏军自然会更加轻敌而且疲累。等魏军追到马陵的时候，我军预先埋下的伏兵就可以以逸待劳，并且利用地形的优势，一举歼灭魏军。"

田忌对孙膑的战术很有信心，立刻召集部将，下令全军依照孙膑的计谋而行，退回齐国境内，驻守在马陵附近。

庞涓率领大军即将赶回魏国时，突然传来情报，说齐军已经退兵。

庞涓忍不住责备太子申说："果然不出我所料，齐军根本畏惧战争，只是要诱骗我军退出韩国而已。太子当初如果听臣的计划行事，如今韩国早就被臣攻下，尽归大王所有了！"

太子申以为自己错失了攻占韩国的好机会，顿时羞愧得无言以对，只好问庞涓："下一步军师打算如何？"

庞涓自信满满地回答："既然齐军破坏我们攻占韩国的计划，等我军回去休养整顿之后，就再度出兵将韩国消灭，然后再去收拾齐国。"

庞涓号令魏军循着齐军的踪迹前进，来到齐军几天前扎营的地点时，便亲自过去察看，并且命令手下清点齐军留下的炊灶痕迹，数量足足超过十万个。他不禁惊讶地说："齐军人数竟然如此庞大！"

隔天，当魏军来到齐军的第二个扎营地点时，庞涓又命人清点齐军留下的炊灶，发现只剩五万个。当魏军来到齐军第三个扎营地点时，居然发现炊灶只剩三万个。

庞涓不由得喜上眉梢，对太子申说："大王真是洪福齐天！"

太子申不知道庞涓在庆贺什么，便问："我军此次出兵算是无功而返，军师为何喜形于色？"

庞涓回答："齐国人向来是胆怯出了名的。据臣观察的结果，齐军入侵魏国才不过三日，士卒已经逃亡超过半数，难怪急着退兵。现在我军全速追击齐军，不出两日便可追上齐军，杀它个片甲不留！"

太子申说："齐军向来狡诈，军师需多加留意才好。"

庞涓回答："孙膑和田忌这回分明是来送死，臣一定生擒他二人，洗刷桂陵兵败的耻辱。"

于是庞涓便和太子申商议各自带领一万名骑兵车兵，分作前军与后军，日夜追赶齐军，而将步兵交由庞葱带领，缓慢前进。

孙膑派出多名探子随时监视魏军的动静，并要求他们即时回报。当他得到魏军的车骑兵日夜追赶，已经越过沙鹿山时，内心盘算了一下，对田忌说："马陵通往齐国只有一条狭窄的山路'马陵道'可走。马陵道一边是斜坡，另一边是深邃的溪谷，是最适合埋伏奇兵、消灭敌人的地形。以魏军的速度来看，日暮时分就可赶到马陵道上的独龙涧。此地入口处两旁都是悬崖峭壁，其中有九道山涧汇聚，林木茂密，形状像个葫芦，只有入口而没出口，是一处'隘塞死地'，正好适合我军打一场以逸待劳的伏击战。"

于是田忌和孙膑领军来到独龙涧埋伏，布置阵势。

孙膑在独龙涧选择了一处树木茂密的地点，命令军士留下最粗壮的那一棵大树，而将其余的树木全部砍倒，堆积在前方的通道上，以阻断魏军的去路。

离开之前，孙膑指示王义："将那棵大树向东的树皮

剥下一丈高，用木炭在上面写下'庞涓死于此地'六个大字。"

等王义布置妥当，孙膑就命令部将袁达和独孤陈各自挑选五千名优秀的弓箭手，埋伏在大树左右，并且吩咐："只要看树下点起火光，就万箭齐发，射杀魏军。"

接着孙膑又请田婴率领一万名军士，埋伏在进入马陵道三里的山坡上，等魏国的后军一通过，立刻将巨石和圆木滚下，然后再趁乱截杀魏军。

孙膑分派完毕，便和田忌率领大半的齐军驻扎在隐密的地方，准备随时接应，并且消灭赶来营救的魏军。

庞涓率领魏国的前军追赶齐军，一路上打听到齐军的队伍杂乱零落，他愈发心急，真恨不得跨一个大步就能赶上齐军，将他们杀个片甲不留。他越是心急，越是催促魏军加速赶路。

眼看连战马都累得不支倒地了，庞涓却只顾着号令魏军全速追赶，魏国的军士都感到疲累不堪，却又敢怒不敢言。

当庞涓率领魏军来到马陵，恰好是日落西山的时分，又逢十月下旬，天色暗得很快。在前头开路的先锋部队突然回报："前方的道路被断木阻塞，无法前进。"

庞涓来到断木横阻的地点察看之后，得意地说："这必定是齐军故意伐木阻断道路，想阻挠我军的追击。哼！孙膑啊孙膑，你纵使才华盖世，可惜齐军净是贪生怕死的无用之辈，所以你注定还是要死在我的手里呀！哈哈哈！"

庞涓下令搬开阻断道路的树木，继续追击齐军。他不经意地抬头，发现面前那一棵大树的树干上似乎写了什么字。他上前想看仔细，但是黑暗中看不清楚，就命掌管夜间照明的军士点燃火把。

当火把一点燃，树上写的六个大字"庞涓死于此地"立刻照得清清楚楚。庞涓猛然一惊，大喊："糟了！我又中孙膑的计了！"他正想命令魏军熄灭火把，迅速退兵，话还没说出口，埋伏在两侧的齐军已经万箭齐发，朝火光处射去。

利箭如同骤雨一般射向魏军，军士纷纷中箭倒地，一时哀号声四起，全军大乱，人马互相践踏，使得伤亡更加惨重。

庞涓虽然有手下帮忙抵挡，但在混乱之中仍然身中数箭，伤重倒地。

庞涓临死之前，幽幽地回忆起和孙膑在鬼谷一同求学的往事，想到自己下山求取功名前，鬼谷先生叮咛他的话，不禁懊悔万分，痛恨自己没有谨记恩师的训示。

"恩师曾说我不可陷害对我有情义的朋友，否则，他日必然会因此而招来更大的祸患。我如果不去陷害孙膑，今天也不会落得如此下场啊！"

庞涓把满腔的怨恨加诸自己身上，于是用尽最后一丝力气，抽出身上的佩剑，往咽喉一抹，自刎而死。

太子申得到前方的魏军遭到伏击的消息，不敢贸然前进，连忙下令手下部将就地扎营戒备。不料山坡上突然隆隆声响，滚下无数巨石圆木，将魏军打得七零八落，后方随即喊声大作，田婴率领齐军如浪潮般冲过来，把魏军吓得肝胆俱碎，四散逃命，只剩下少数军士拼死抵御齐军的攻势。

太子申见大势已去，只好在田婴的面前放下武器，束手就擒。

魏军后方的步兵在庞葱的带领下，赶来接应时，又遭到田忌和孙膑率领的齐军伏击，被杀得尸横遍野，溃散而逃。

　　马陵之战，魏军惨败，太子申成为俘虏，庞涓战死。齐军大获全胜，得到无数的马匹和兵器。

15. 功成身退

田忌和孙膑率领大军，押送着大批的俘虏和马匹器械，浩浩荡荡地返回齐国。

一路上田忌趾高气扬，威风八面。他看见孙膑低头不语，一副若有所思的模样，便问他："军师已经除掉庞涓这个奸恶的小人，了却今生的心头大恨，应当十分快慰才是，为何反而闷闷不乐？"

"庞涓忘恩负义，如今落得惨死的下场，是他罪有应得！可惜他的儿子庞英年纪轻轻，却也陪着他丧命，实在令在下不胜感慨哪！"

田忌笑说："大丈夫为国家征战沙场，血腥杀戮是必然的，军师何必感慨呢？"

孙膑语气坚定地回答："兵法之道，固然是为了追求胜利，但是以战止战，减少杀戮，才是研究兵法的最高境界。我的恩师鬼谷先生潜心研究，目的也是在此啊！如今在下大仇已报，日后应当效法恩师，退隐山林，专心研究兵法，为国家造就忠臣良将。"

田忌知道孙膑说话向来真诚，急忙劝他："马陵之战，我军扬威天下，军师功不可没。将来齐国要号令诸侯，雄霸天下，还得倚重军师的雄才大略。军师何不等到建立万世功名之后再退隐呢？"

孙膑苦笑不答。

其实孙膑内心正在为田忌担忧——这一仗虽然让田忌立下大功，也让齐国威震诸侯，但是邹忌牢牢掌握齐国内部的政治人脉，他向来视田忌为眼中钉，只要他担任相国一天，必定会处心积虑陷害田忌。

而且，田忌收纳的门客当中，恐怕有些人已经被邹忌收买了。这才是最让他忧虑的事！

当大军来到京城临淄城外五十里时，孙膑私下问田忌："将军还记得当初遭相国邹忌嫉妒，被设计陷害的往事吗？"

田忌回答："当然记得！军师是否又有什么妙计呢？"

孙膑面色凝重地反问田忌："将军有心成就大事，杜绝后患吗？"

田忌大吃一惊，压低嗓门问孙膑："莫非先生要我指挥大军占领国都，篡夺王位？"

孙膑回答："在下深知将军为人最重视忠义，怎会建议您做那种大逆不道的事呢？况且要攻打自己的国都，军士们必定不肯服从军令。"

"那么，军师想要我做什么呢？"

"现在魏国太子申在我们手中，只要逼他供出庞涓与邹忌串通的证据，将信息散布在我军之中，到时候将军就可名正言顺地带领大军驻守在临淄城外，对城内散播邹忌私通魏国的消息，并且秘密呈递证据给大王知道。如此一来，文武百官必定会支持将军逼退邹忌，大王便可顺利解除邹忌相国的职位。"

田忌思虑片刻之后，回答孙膑："军师如此为我设想，我怎能不言听计从呢？但是邹忌势力庞大，足以左右齐国大局，万一他不肯缴出相印，进而策动政变，到时候齐国必定会再度陷入动乱。如今我们大胜而回，兵权在握，纵使邹忌万分忌惮，也不敢轻举妄动。所以这项计划应该从长计议，不要急于一时才好。"

孙膑听了只是微微叹息，不再表示意见。

当齐国大军即将进入临淄城时，齐威王早已命人摆好庆功宴准备慰劳军士，还亲自带领文武百官出城迎接齐军。筵席当中，齐威王亲自为田忌、孙膑和田婴斟酒，一同举杯庆贺齐国大军的胜利。

第二天上朝时，齐威王加封田忌为上将，田婴为大将，孙膑为军师兼统齐国军务，三人都得到大片土地的封赏。

孙膑当场辞谢齐威王的封赏，并且将亲手抄录的《孙子兵法》十三篇呈献给齐威王，说："臣原本是残废之人，承蒙大王恩典，加以重用，才有机会发挥所学。如今幸好不辱使命，既报答了大王的恩德，也了却了个人的冤仇，此生的愿望都已达成了。臣毕生所学，都在这部兵书当中，这一身残废之躯就算留下来，也没有什么更大的贡献了。请求大王赐给臣一片偏僻的山林，让臣可以隐居讲学，终老一生。"

齐威王还想强留孙膑，但是孙膑的心意十分坚定，他只好将石间山给孙膑，并且赏赐无数金银财宝。

孙膑将多余的金银财宝都赏给了诚儿、王义和几名得力的手下，准备妥当之后，便再度拜谢齐威王与田忌，带着家眷仆人搬到石间山去隐居讲学，培育人才。

16. 隐居楚国

孙膑退隐之后，田忌与邹忌之间的明争暗斗越演越烈。

田忌想一举斗垮邹忌，于是暗中逼迫被拘留在齐国当人质的太子申，要他将邹忌的门客与庞涓串通的经过写在布帛上，准备当作证物呈给齐威王。没想到邹忌立即得到消息，便暗中派人在太子申的食物中下毒，毒死了太子申。

太子申一死，田忌唯恐被邹忌反咬一口，说他捏造罪证，诬陷相国，于是不敢将太子申供出的罪证呈给齐威王。

齐威王周围的亲信全都是邹忌提拔的官员，他们经常在齐威王的耳边毁谤田忌。齐威王因为周边的小国都臣服于他，韩、赵、魏三国也派遣使者来向他示好、求和，使得他认为齐国已经摆脱外患的威胁，因此对田忌也越来越不重视。

田忌斗不过善用权谋的邹忌，在邹忌的运作之下，他手中的兵权一点一点被分散，最后迫不得已，只好将兵权交给田婴，辞去上将的官职，远离朝廷，回到自己的领地生活。

然而邹忌依然不肯放过田忌，不断地收买田忌从前的门客，制造田忌企图谋反的假象。

田忌知道自己的处境岌岌可危，只好躲过邹忌的监视，到石间山去请退隐的孙膑帮忙。

田忌对孙膑说："我很后悔当初没有听从先生的计策，将邹忌拉下相国的位置。如今被他逼到毫无退路，却来请教先生自保之道，实在是愧对先生的一片用心哪！"

"在下能摆脱庞涓的折磨与侮辱，留得一条贱命，并且得到发挥才能的机会，完全是仰仗将军的拯救和提携。将军对在下恩同再造，如今将军有难，在下定当倾力帮助将军，纵使赔上身家性命也无怨无悔！"

孙膑思忖片刻，接着说："如今将军失去兵权，如果继续留在齐国，必定会被邹忌陷害入罪。为今之计，只有前往别国避祸。"

田忌问："我应该去哪一国才好呢？"

"应该南下楚国。因为楚国的国力与齐国相当，而且楚国西邻强大的秦国，南有越，在强敌环伺的情况下，像将军这样的优秀将领，楚王必定是求之不得。"

田忌疑惑地问："楚国离这儿千里迢迢，我哪有办法瞒过大王和邹忌，偷偷逃到楚国去呢？"

孙膑回答："将军是堂堂王室宗亲，而且战功彪炳，当然是名正言顺地去楚国，何必用逃的方法呢？在下愿意去向大王游说，保证让将军风风光光地前往楚国。"

"既然如此，就拜托先生了！"田忌感激地说。

于是孙膑便以进献新的兵法为理由，前去拜见齐威王。他向齐威王说："西方的秦国自从任用卫鞅变法以来，国势远远超越各国，也开始展现对外侵略的野心。齐、秦之间虽有韩赵魏三国当作屏障，可是魏国屡次败给齐国，连太子都命丧齐国，如今虽来向大王求和，其实只是缓兵之计。日后魏国必定会选择与秦国结盟，对齐国用兵，到时候齐国就危险了！"

"先生的分析很有道理。寡人该如何才好呢？"

"楚国是南方唯一可以与秦国抗衡的大国。大王应该考虑与楚国交换人质，建立邦谊。当秦国知道齐楚结盟之后，自然会放弃联合魏国侵略齐国的念头。"

齐威王问："可是楚国愿意吗？如果楚国愿意与我国结盟，我的太子年纪尚幼，不适合去楚国当人质，我该派谁当人质同楚国交换才好呢？"

孙膑说："田忌将军身为齐国宗亲，而且为齐国立下不朽战功，若是田将军愿意纡尊降贵，出使楚国游说，并且担任人质，臣也愿意追随田将军前去向楚威王说明利害关系，促成齐楚结盟。"

齐威王征询邹忌对于派田忌出使楚国，两国互换人质的事有什么看法。邹忌担心田忌留在齐国有朝一日会重掌兵权，再度威胁到他相国的地位，所以也顺水推舟，表示赞同。

于是齐威王便下诏书，任命田忌为出使楚国的大使。

田忌准备妥当，便捧着齐威王的国书，带领孙膑和随从，风风光光地朝南方的楚国出发。

楚威王以隆重的礼节接见田忌与孙膑，经过一番晤谈，他对田忌的气度与孙膑的军事才华深感佩服。当他得知威震天下的名将田忌与军师孙膑愿意留在楚国担任人质时，不禁大喜过望，立即召集群臣商议，决定与齐国结盟，两国互换人质。

后来楚威王为了永远留住田忌与孙膑，便把江南之地封给田忌，还派使臣到齐国，将两人的家眷和弟子迎接过来。

从此以后，孙膑便留在楚国的江南之地隐居，与弟子潜心修习各家的学问和兵法，写下了对后世影响深远的《孙膑兵法》。

孙膑小档案

关于孙膑的生卒年及生平事迹，因为没有确切纪年，今以事件发生的先后顺序排列，供大家参考。

一、约出生在战国时代的齐国边境。

二、四岁时母亲去世，九岁时父亲死于战祸。

三、与庞涓结拜，并投入鬼谷先生门下学艺。

四、庞涓学艺三年后，下山回到魏国。鬼谷先生独传《孙子兵法》给孙宾。

五、在赴魏惠王邀聘之前，鬼谷先生帮孙宾改名为"孙膑"。

六、庞涓因嫉妒孙膑的才能且觊觎《孙子兵法》，用计毒害孙膑。

七、孙膑为防止庞涓知道他回到齐国，隐姓埋名改称为"子系先生"。

八、桂陵之战，魏军八万大军被齐军打得溃不成军，庞涓狼狈逃回魏国。

九、马陵之战，齐军大胜，庞涓在独龙涧中箭后自杀，魏太子申成为俘虏。

十、马陵之战胜后，孙膑将手抄《孙子兵法》十三篇呈献给齐威王，并隐居石闾山。

十一、孙膑用计让田忌出使楚国避祸，自身隐退江南之地著书，完成《孙膑兵法》。